El evangelio es «las» buenas noticias en un mundo de malas noticias. ¿Qué es esto? Ray Pritchard responde esa pregunta de una manera que no solo la definirá, sino que te deleitará.

—DR. JOSEPH M. STOWELL,
presidente de la *Cornerstone University*

Con gran claridad, el Dr. Pritchard proporciona una reveladora explicación de las supremas y sublimes verdades del universo, y del gran plan de Dios. Esto es de todo punto apremiante, y cambia vidas.

—BILL BRIGHT, fundador de
Cruzada Estudiantil y Profesional para Cristo Internacional

Un maravilloso resumen de lo que es la fe cristiana. Ray Pritchard no presenta el evangelio de Jesucristo como una idea para su estudio, sino como un mensaje urgente que se debe recibir y responder. Este es un convincente relato del amor del Salvador.

—TIMOTHY GEORGE,
decano de la Escuela de Divinidades Beeson

Sencillo, sincero, claro y conciso. Este libro elimina cualquier confusión y presenta lo que es el evangelio de Jesucristo. Se lee fácil, ¡pero corre profundo!

—JONI EARECKSON TADA,
autora y artista

UN ANCLA PARA EL ALMA

RAY PRITCHARD

En memoria de
Gary Olson
A él le encantaba contar la historia.
¡Cuán hermosos son, sobre los montes,
los pies del que trae buenas nuevas!Isaías 52:7, RVC

Contenido

Introducción

«UNA VEZ QUE TOQUES fondo, sólo puedes mirar hacia arriba». Esa parte de la sabiduría provenía de un prisionero en Pensilvania. La lectura de *Un ancla para el alma* cambió su vida, y quería que lo supiera. Esta es su historia:

Estimado Ray Pritchard:

Hola, ¿cómo está? Espero que se encuentre bien. Acabo de leer su libro *Un ancla para el alma*. Le escribo porque la manera en que lo leí fue un accidente de Dios. Fue lo mejor que me ha pasado ALGUNA VEZ en mi vida. Gracias a usted encontré a Dios.

Me metí en una pelea y caí en el hoyo. Así que negociaba mis bandejas de comida por los sobres (un tipo de dinero en la cárcel) y terminé cambiando una bandeja de comida por un libro para leer. Es algo que se hace, porque no se nos permite salir antes de la celda. Miré el libro y pensé: *Ah, un libro religioso; me engañaron.* Porque nunca había creído en Dios.

Decidí leer primero un poco para ver si me gustaba. Una vez que leí la primera oración y todo antes de esta, me tocó y leí el libro de una sentada. Usted abarcó todos los aspectos en los que había pensado siempre. Gracias a usted, encontré a Dios. Tiene razón, una vez que toques fondo, solo se puede mirar hacia arriba.

Gracias a su libro y mi tropiezo por accidente con él, tengo una perspectiva distinta en la vida. El día que encontré a Dios fue el 22/09/07. Creo que me lo voy a tatuar en mi brazo.

El hombre que escribió esta carta vino a Cristo a través de un «accidente de Dios». Me encanta cuando los nuevos creyentes hablan de las cosas y no usan el vocabulario de la gente que ha estado en la iglesia por mucho tiempo. Le dan la gloria a Dios por su salvación en su propio lenguaje único.

También me encanta el hecho de que no estaba demasiado emocionado cuando «cambió la bandeja de comida, terminó con este libro y no estaba muy feliz». No es la primera persona que se siente engañada por la religión. Sin embargo, me alegro de que empezara a leer este libro, ya que terminó cambiando su vida.

Cuando escribí la primera edición de este libro hace diez años, no tenía ni idea de cómo lo usaría Dios. Desde entonces, se han impreso más de quinientos mil ejemplares. Y hemos recibido más de diez mil cartas de lectores que encontraron mi dirección en la parte posterior del libro. Muchos de ellos escribieron para decir que Dios usó este libro para guiarlos a una relación personal con Jesucristo.

Quizá eso te pase a ti cuando leas esta nueva edición de *Un ancla para el alma*.

Todo en este libro se basa en dos hechos. En primer lugar, se crearon para conocer a Dios, y no puedes estar satisfecho, ni lo estás en realidad, hasta que lo conozcas de manera personal. En segundo lugar, la Biblia nos dice cómo podemos conocer a Dios en lo personal. La Biblia no nos dice todo lo que podríamos saber sobre todos los asuntos, pero nos dice todo lo que necesitamos saber acerca de estar a bien con Dios. Solo tiene sentido que el Dios que nos creó nos conozca mejor que nosotros mismos. Y necesitamos escuchar lo que Él nos tiene que decir. Si te preguntas acerca del título de este libro, proviene de Hebreos 6:19: «Tenemos como firme y segura ancla del alma una esperanza». Cuando las olas de la vida amenazan con abrumarnos, necesitamos un ancla que nos sujete en la tormenta más fuerte.

Déjame decirte de inicio que este libro será útil sin importar dónde te encuentres en tu viaje espiritual. Cuando se trata de conocer a Dios, todos estamos en diferentes lugares. Algunos están buscando, otros tienen dudas, algunos son escépticos y otros conocen muy poco sobre la fe cristiana. Otros crecieron en una iglesia, pero se alejaron hace años.

Si deseas conocer a Dios, eso es todo lo que importa. Es posible que te consideres una persona religiosa o quizá pienses que no lo seas. En cualquier caso, no hay problema. Hoy en día muchas personas tienen un interés profundo en cuestiones espirituales, aun cuando no forman parte de alguna organización religiosa. Si esto te describe, espero que leas este libro con cuidado porque te escribo como individuo, con el fin de ayudarte a establecer una relación personal con Dios.

Estoy seguro que tienes algunas preguntas. Eso espero, porque las preguntas sinceras merecen buenas respuestas. He aquí algunas preguntas que quizá tengas:

- ¿Cómo es Dios?
- ¿Cómo puedo conocerle?
- ¿Soy en verdad un pecador?
- ¿Cómo se me pueden perdonar mis pecados?
- ¿Quién es Jesús y qué fue lo que hizo? *** ¿Qué significa ser cristiano?
- ¿Cómo puedo encontrar la paz con Dios?
- ¿Cómo puedo estar seguro de que voy a ir al cielo?

Tal vez seas un poco escéptico en cuanto a todo el concepto de conocer a Dios. Quizá te haya desagradado la religión organizada o ciertos cristianos cuyas acciones no coinciden con lo que dicen creer. Aunque admito que los cristianos a veces pueden ser la peor publicidad para su fe, espero que te acerques a este libro con una mente abierta.

No creo en tratar de discutir con la gente de la fe cristiana. Si no estás dispuesto a creer en Jesús, nada en este libro te convencerá de cambiar de opinión. La Biblia dice que nadie viene a Dios a menos que el Padre lo atraiga por medio del Espíritu (Juan 6:44). Así que si eres un escéptico, no te preocupes; no te convertirás en contra de tu voluntad por la lectura de este libro.

Por otra parte, este libro podría cambiar tu vida. Si el evangelio es de veras buenas noticias de Dios, no debería sorprendernos si nuestras vidas cambian de manera radical cuando llegamos a conocer a Dios personalmente por medio del Señor Jesucristo.

Sin embargo, me estoy adelantando un poco. Todo lo que sabemos hasta ahora es que este libro contiene buenas noticias que vienen de Dios como se revelan en la Biblia. Para el resto de la historia, tendrás que leer cada capítulo poco a poco y pensar en lo que dice. Antes de empezar, me gustaría sugerirte una oración sencilla pidiendo dirección espiritual. Te animo a que leas esta oración lentamente, frase por frase. Si expresa el deseo de tu corazón, ora en voz baja a Dios.

> *Oh Dios, yo quiero conocerte.*
> *Si de veras existes, revélate a mí. Muéstrame la verdad acerca de mí. Abre mis ojos y crea fe en mi corazón. Dame el don de una mente abierta para recibir tu verdad. Háblame a través de lo que leo, a fin de que pueda llegar a conocerte. Permite que mis más profundas preguntas reciban respuesta con tu verdad. Ayúdame a buscarte con todo mi corazón. Y haz que pueda hallarte y estar satisfecho con lo que encuentre. Amén.*

No debes sentir miedo de hacer una oración como esta, pues Dios nunca se aleja de cualquier buscador sincero. Si buscas al Señor con todo tu corazón, lo encontrarás. Es posible que desees poner tus iniciales y la fecha de hoy junto a esa oración si es que expresa el deseo de tu corazón.

Te animo a que no te des prisa con este libro. Incluí preguntas al final de cada capítulo para ayudarte a ir más profundo. Ganarás mucho más si te tomas el tiempo para meditar en las preguntas y escribir sus respuestas. También encontrarás un granvalor en buscar los diferentes versículos de la Biblia, uno por uno. Dios nos invita a que acudamos a Él con todo el corazón. A medida que respondes a lo que aprendes, el Espíritu Santo obrará en ti. Así que no te sorprendas si al final eres una persona diferente cuando termines de leer este libro.

Ahora es tiempo de comenzar. El primer paso para conocer a Dios es averiguar más acerca de quién es Él en realidad.

ANTES DE QUE EMPIECES...

¿Qué preguntas te gustaría que se respondan mientras lees este libro?

_____

_____

_____

_____

_____

_____

¿Dónde estás en tu viaje espiritual ahora mismo?

_____

_____

_____

_____

_____

_____

1

UN LUGAR
para comenzar

SUPONGAMOS QUE TE DIGO: «Define a Dios en veinte palabras o menos». Y te doy treinta segundos para hacerlo. ¿Qué dirías? ¿Podrías hacerlo? ¿Parece injusto? Supongamos que te doy doscientas mil palabras y treinta años. ¿Sería más fácil? ¿Y te acercarás más a la verdad?

Puesto que Dios es la fuente suprema de toda realidad, no podemos «definirlo» de verdad. En cambio, podemos decir esto: *Conocer a Dios es lo más importante en la vida.* Si vives treinta, cuarenta, cincuenta, sesenta, setenta u ochenta años y no conoces a Dios, no importa qué otra cosa hayas hecho con tu vida. Si no conoces a Dios, has perdido la razón misma de tu existencia. Cuando ponemos a Dios en el centro de cada cosa, todo lo demás encuentra su lugar adecuado. «El principio de la sabiduría es el temor del Señor, y el conocimiento del Espíritu Santo es inteligencia» (Proverbios 9:10, lbla). Si deseas sabiduría, ¡conoce a Dios! Si quieres conocimiento, ¡busca al Señor!

Si te pierdes de conocer a Dios, pierdes la realidad central del universo. Comparado con conocer a Aquel que te creó, todo lo demás es solo migajas y bocados alrededor de los bordes.

Nuestra necesidad:
Conocer al Dios que nos creó

Nos hicieron para conocer a Dios, y algo dentro de nosotros quiere conocerle con desesperación. Por naturaleza, poseemos una religiosidad incurable. De ahí que toda sociedad humana, sin importar qué tan primitiva sea, tenga algún concepto sobre un poder superior, alguna visión de la realidad que va más allá de lo natural. En cierto modo, eso explica por qué la ciencia no ha eliminado la religión de la tierra. La ciencia nunca puede hacer eso debido a que los logros tecnológicos no pueden satisfacer las necesidades más profundas del corazón humano.

Queremos saber las respuestas a las tres preguntas más básicas de la vida: ¿De *dónde vine? ¿Por qué estoy aquí? ¿Adónde voy?* Y gastaremos dinero, compraremos libros, miraremos vídeos, asistiremos a seminarios, buscaremos en la internet y viajaremos grandes distancias para hallar las respuestas. Un libro, basado en un informe de una mujer que después de morir visitó el cielo, alcanzó el primer lugar en la lista de ventas. Incluso, hay programas de televisión que presentan mediadora que dicen ser capaces de ponerse en contacto con los familiares muertos. La gente está hambrienta de la verdad espiritual, y buscará a quien sea y lo que sea que afirme darle una respuesta.

Sucede lo mismo en cada país y en cada cultura. A simple vista, somos muy diferentes en nuestra apariencia, trasfondo, idioma y costumbres. No obstante, si profundizas un poco más, descubres que, en esencia, todos somos iguales. Miras debajo de la superficie y descubres que no hay ninguna diferencia real entre una persona nacida en la pobreza en Haití y un abogado corporativo de Wall Street; ni entre un maestro de escuela en Adís Abeba, Etiopía, y un informático en Singapur. En todas partes somos iguales, con los mismos anhelos, pesares, sueños y esperanzas; con la misma necesidad de amar y ser amado; con el mismo deseo de que nos recuerden después de la muerte; y con el mismo sentido de que debe haber un Dios de algún tipo que nos creó.

para conocer a Dios, y necesitamos conocerlo. Dios nos diseñó para que nos gustara conocerlo, y entonces Él garantizó que no seríamos felices a menos que Él mismo llenará el vacío interno. Esto nos pone cara a cara con la famosa declaración de que existe un «vacío en forma de Dios» dentro de cada persona. Podemos volvernos a Dios, o podemos llenar el vacío con ídolos de nuestra propia fabricación o con los espíritus malignos de nuestros antepasados. Algo en nosotros nos impulsa a buscar el sentido supremo. Dios puso ese «algo» allí. Agustín, un antiguo teólogo cristiano, nos dio esta oración que se escucha con frecuencia: «Nos has hecho para ti y nuestro corazón está inquieto hasta que descanse en ti».

El deseo de Dios:
Que debemos conocerlo

Toda la Biblia demuestra que Dios quiere que le conozcamos. En cierto sentido, ese es el tema de la Biblia: cómo nos amó Dios, cómo nos rebelamos en su contra y cómo Dios emprendió el rescate de la gente que se volvió en su contra. La historia es bastante clara. Dios envió profetas, sacerdotes y mensajeros de diversos tipos. Envió sus mensajes por escrito. Sin embargo, nosotros (todas las personas en la tierra) no queríamos tener nada que ver con Dios. Así que pasamos por alto su mensaje y en algunas ocasiones asesinamos a sus mensajeros. Entonces, Él envió a su Eigido Jesucristo, la máxima expresión de su amor. Y también nosotros lo asesinamos. A pesar de eso, a través de su muerte Dios hizo un camino para todos y cada uno de nosotros, a fin de ser perdonados.

Volvamos al mismo principio de la historia por un momento. Cuando Dios creó el mundo, creó a Adán y Eva y los hizo «a su imagen» y «semejanza». «Y Dios creó al ser humano a su imagen; lo creó a imagen de Dios. Hombre y mujer los creó» (Génesis 1:27). Estas sencillas frases están llenas de significado para nosotros. Nos hicieron a imagen de Dios, lo cual significa que hay algo en nosotros que corresponde a lo que es Dios. A ti y a mí nos diseñaron para conocer a Dios de manera personal. Los perros no oran, las aves no adoran, los peces no alaban, pero nosotros sí. ¿Por qué? Porque hay una conciencia de Dios dentro de cada corazón humano. Esta «conciencia de Dios» es la que nos hace querer conocer a Dios y estar ansiosos por saber la razón de nuestra existencia.

Hambre del Padre

No obstante, hay otra parte de la historia. Desde que Adán y Eva pecaron en el jardín del Edén, esa imagen de Dios dentro de cada uno de nosotros se ha distorsionado por el pecado. Me imagino un pedazo de papel con las palabras IMAGEN DE DIOS escritas con letras enormes. Antes de que Adán y Eva pecaran, ese papel estaba limpio y suave. Ahora para todos nosotros ese papel está arrugado, sucio y roto. Aun así, nunca está destruido por completo. A pesar de todos nuestros fracasos, todavía deseamos conocer a Dios, y todavía deseamos hallar el significado de nuestra vida, pero no sabemos dónde buscar.

A fin de usar una frase muy moderna, nos quedamos con cierta clase de «hambre del Padre». Esa es una frase que se utiliza para describir a los niños que crecen en una familia sin una figura paterna fuerte y amorosa. Es posible que muriera o quizá abandonara a su familia. O a lo mejor estuviera tan ocupado que no tuviera tiempo para su familia. Debido a que apenas conoce a sus hijos, ellos compiten con desesperación a fin de ganar sus pequeñas migajas de amor y aprobación. Los niños que crecen en un hogar como ese, desean con urgencia a un padre, y en ocasiones buscarán a alguien (o algo) para llenar ese vacío.

En una escala mucho mayor, esa es la historia de toda la humanidad. Nos crearon para conocer a Dios y queremos conocerlo, pero nuestro pecado nos ha separado de Dios. Como resultado, nos quedamos con una profunda «hambre del Padre» que no desaparece.

Nuestra búsqueda:
En todos los lugares equivocados

Entonces, ¿qué hacemos? Buscamos amor en todos los lugares equivocados. Podemos ilustrarlo utilizando un bolígrafo y una hoja de papel. Dibuja un barranco del lado derecho de la hoja de papel y llámalo «Dios». En el lado izquierdo dibuja otro barranco y llámalo «Nosotros». En el espacio entre ambos barrancos escribe la palabra «Pecado». Ese es el problema que afrontamos todos. Estamos en uno de los lados, Dios está en el otro, y nuestro pecado se mantiene entre Dios y nosotros. Algo en lo profundo nos dice que pertenecemos al otro lado con el Dios que nos creó. Así que comenzamos a construir puentes por encima del gran abismo.

Ahora dibuja líneas que comienzan en el lado de "Nosotros" y se dirijan hacia el lado de «Dios», terminando cada línea en alguna parte entre los dos barrancos. Cada línea representa un «puente» humano que construimos en nuestros intentos de hallar nuestro camino de vuelta a Dios. Un puente dice «Dinero», otro «Educación», otro «Buenas obras», otro «Sexo», otro «Poder», otro «Ciencia», otro «Éxito», otro «Ciencia», otro «Aprobación», otro «Relaciones» y otro «Religión». Puedes construir tantos puentes como gustes, pero nunca parecen alcanzar el otro lado. Cada uno termina en algún lugar a la mitad del camino, ilustrando la verdad de que nunca puedes encontrar a Dios partiendo de donde estás. Sin importar qué camino sigas, caes en el gran abismo y terminas destrozándote en las dentadas rocas de la realidad.

Eso es lo que quiero decir con la búsqueda en todos los lugares equivocados. Nada en este mundo puede satisfacer nuestro anhelo porque no hay nada en este mundo que nos pueda llevar de nuevo a Dios. La respuesta que necesitamos debe proceder de fuera de este mundo.

Hace tres mil años, un hombre sabio llamado Salomón emprendió una búsqueda para encontrar la clave del sentido de la vida. Registró sus hallazgos en un libro de la Biblia llamado Eclesiastés. En los dos primeros capítulos habla de su gran experimento. Construyó edificios, plantó amplios jardines, probó las escenas de las fiestas y amasó una inmensa fortuna. Obtuvo libros y una gran cantidad de conocimiento humano. Consiguió todo lo que quiso. De nada se abstuvo. Probó absolutamente todo en su búsqueda de significado.

Informó de su hallazgo en tres escuetas palabras: «Aborrecí la vida» (Eclesiastés 2:17, lbla). Cuando nada satisface, cuando en verdad lo has intentado todo, cuando puedes decir con tranquila seguridad «Ya pasé por eso, ya hice eso» y todavía sientes el vacío dentro, ¿qué hacer entonces? La conclusión de Salomón podría quedar como un epitafio para cada generación.

En pocas palabras, he aquí nuestro problema. Dios nos creó para conocer a Dios. Dentro de cada persona hay un «vacío en forma de Dios» que hace que busquemos a Aquel que nos creó. En Eclesiastés 3:11, Salomón nos recuerda que Dios «ha puesto la eternidad en sus corazones». Debido a que buscamos en todos los lugares equivocados, nunca podemos encontrarnos con Él. Nuestro anhelo eterno por Dios no está satisfecho.

La solución de Dios: Él se ha dado a conocer

Al final, nos quedamos con esta gran verdad: Jamás podremos conocer a Dios a menos que Él se nos revele a nosotros. Intentarlo con nuestras fuerzas siempre nos hace terminar en la oscuridad, buscando a un Dios que sabemos que existe, pero que no podemos encontrar. Sin embargo, Dios no nos dejó en la oscuridad para siempre. Se ha revelado en cuatro formas fundamentales:

A. En la creación: Todos ven esto.
B. En la conciencia humana: Todos tienen esto.
C. En su Palabra escrita, la Biblia: No todos saben esto.
D. En su Hijo, Jesucristo: No todos entienden esto.

La última revelación es la más importante. Jesús es «Dios encarnado»; es decir, Dios vestido de carne humana. Cuando Jesús caminó en la tierra, era el Dios-hombre, Dios por completo y hombre por completo al mismo tiempo. Jesús es la suprema revelación de Dios. Jesús dijo: «El que me ha visto a mí, ha visto al Padre» (Juan 14:9). Jesús es la clave para conocer a Dios. Si quieres conocer cómo es Dios, mira a Jesús.

Algunos hechos acerca de Dios

La Biblia dice mucho sobre quién es Dios y cómo se ha revelado a sí mismo. He aquí seis hechos acerca de lo que necesitas saber acerca de Dios:

1. *Existe eternamente en tres personas*

La verdad acerca de Dios se inicia con el hecho de que Él siempre existe como el Padre, el Hijo y el Espíritu Santo. Cuando decimos eso, nos referimos a que el Padre es Dios, el Hijo es Dios y el Espíritu Santo es Dios, pero no son tres dioses, sino solo un Dios. El Padre no es el Hijo, el Hijo no es el Espíritu, el Espíritu no es el Padre, pero cada uno es Dios de forma individual y, con todo, están juntos al único y verdadero Dios de la Biblia. Esto se conoce como la doctrina de la Santa Trinidad.

Alguien le preguntó al estadista estadounidense Daniel Webster: «¿Cómo puede un hombre de su intelecto creer en la Trinidad?». «Ahora no pretendo entender por completo la aritmética del cielo», respondió. Esa es una buena frase: *la aritmética del cielo*.

La Trinidad debería hacer que nos inclinemos en humildad ante un Dios que es mayor de lo que nuestra mente podría comprender jamás. Tenemos un Dios que ha proporcionado todo lo necesario para nuestra salvación. Cuando estábamos perdidos en el pecado, nuestro Dios actuó en cada persona de su ser para salvarnos. El Padre dio al Hijo, el Hijo se ofreció a sí mismo en la cruz y el Espíritu Santo nos lleva a Jesús.

2. *Es el Señor soberano*

Llamar a Dios «soberano» significa que Él es el supremo Rey del universo. No hay nadie por encima de Él. No le rinde cuentas a nadie, pero un día todo el mundo debe rendirlas a Él. Dios es el ser más puro, más sencillo y más elemental en el universo. Él es un Dios personal, no una fuerza impersonal. Debido a que es infinito, Él no está sujeto al tiempo, a la corrupción ni a la decadencia. Debido a que es eterno, Él siempre está presente en todo el universo. Es «lo que mueve sin ser movido», «la primera causa sin causa» y la fuente de todo lo que existe. Es el poder detrás de todo poder.

Su carácter es inmutable y, por tanto, es confiable por completo. Lo que dice, lo hace. Debido a que tiene el único «libre albedrío» verdadero en el universo, hace todo lo que le place, pero nunca actúa de manera arbitraria, sino solo en conformidad con su propio carácter perfecto. «Nuestro Dios está en los cielos; Él hace lo que le place» (Salmo 115:3, lbla).

Dios es santo, lo que significa que es puro por completo, libre de todo mal, libre por entero de culpa o error. La santidad es lo que hace Dios. Dios Nunca baja sus estándares, y no tolera; ni hace tratos. Todo lo que hace es apropiado, justo y bueno. «Él es la Roca, sus obras son perfectas, y todos sus caminos son justos» (Deuteronomio 32:4). No hay falsedad en Él ni desde Él. Establece las reglas, y nadie puede objetarlas. Él mismo es la norma final de lo bueno y lo malo. Por lo tanto, todo lo que dice acerca de ti y de mí es verdad.

3. *Creó todas las cosas*

Dios diseñó todo lo que existe; Él inició la creación y, en persona, hizo que fueran realidad todas las cosas. «Dios, en el principio, creó los cielos y la tierra» (Génesis 1:1). El universo no sucedió por casualidad, por accidente ni por la colisión aleatoria de células. No es el producto de la evolución al azar. Dios habló y el universo llegó a existir. Es tan poderoso que es la fuente de todas las cosas, vivas o no vivas. Él hizo todas las cosas, y todas las cosas existen en este momento por su palabra poderosa. (Hebreos 11:3). Esto significa que Él mismo te creó, que te pusieron en esta tierra por una razón, y que el más alto propósito de tu vida es conocer al Dios que te creó. Piensa en eso por un momento. El Dios que puede crearlo todo, ¡te creó a ti! Y quiere que lo conozcas en persona.

4. *Te creó a su imagen*

Te crearon para conocer a Dios. Algo en ti desea conocer de veras al Dios que te creó. Quizá ese deseo esté oculto en lo profundo, o tal vez sientas que ahora mismo te quema por dentro. A lo mejor has tratado de esconderlo o de satisfacer tus anhelos con las cosas de este mundo. Sin embargo, eso no da resultados. Te crearon con deseos que nada en este mundo puede satisfacer. Solo Dios puede llenar el vacío en tu corazón. Solo Dios puede amarte de la manera que anhelas que te amen.

5. *Lo sabe todo acerca de ti*

Los teólogos le llaman a esto «omnisciencia», lo que solo significa que Dios sabe todas las cosas: pasadas, presentes y futuras. Nunca lo toma por sorpresa nada de lo que sucede en cualquier parte del universo. Nada se esconde de Él. Eso incluye tus pensamientos, sueños y deseos insatisfechos. Conoce tus palabras aun antes de que las digas y tus pensamientos antes de que los pienses. «No me llega aún la palabra a la lengua cuando tú, Señor, ya la sabes toda» (Salmo 139:4). Sabe dónde estuviste anoche y con quién estabas. Conoce toda la historia de tu vida: lo bueno, lo malo y lo feo. ¿Y qué me dices de todas esas cosas secretas que nadie más las sabe sino tú? Él las conoce todas, y las conoce por completo.

6. *Se preocupa por ti*

La Biblia dice que «Dios es amor» (1 Juan 4:16). Él es un amor perfecto, infinito e incondicional. Da su amor de forma gratuita. No se trata de una recompensa por buena conducta, porque nadie puede ganar solo el amor de Dios. Los mayores regalos en la vida son los que no nos merecemos. Ningún regalo puede ser mayor que el amor de Dios. La Biblia declara que Dios ama a quienes no es posible amar. Amenazamos con los puños a Dios y pecamos en su contra. La asombrosa noticia es que Dios ama incluso a sus enemigos (Romanos 5:6-8). Cuando éramos pecadores, Dios demostró su amor al enviar a su Hijo a la tierra para morir por nosotros.

Necesitamos conocer a un Dios que nos ame de esa forma. Dejar de conocer a este Dios es pasar por alto la verdad central del universo. Es como visitar Roma y verlo todo excepto la plaza de San Pedro. Es como viajar a Washington D.C., y verlo todo menos la Casa Blanca. Es como ir a París y verlo todo salvo la Torre Eiffel. O es como asistir al partido por el campeonato de fútbol americano y observar a todo menos el juego.

Lo único que importa es Dios

Finalizamos este capítulo con una historia acerca de un joven que yo sabía que sólo tenía veintiséis años de edad cuando murió. Aunque creció en un hogar cristiano, durante su adolescencia y poco más de veinte años pasó por un período de rebeldía y búsqueda espiritual. Su vida cambió cuando los médicos le descubrieron un tumor cerebral. La operación trajo una breve remisión, pero luego regresó el cáncer.

Con el pasar de los meses, su fe creció aún mientras empeoraba su condición física. Empezó a buscar del Señor como nunca antes. La Palabra de Dios se hizo dulce para él. Se volvió muy audaz al testificar lo que Dios había hecho en su vida, en especial con sus muchos amigos. Le pidió a Dios que lo usara para alcanzar a otros de modo que guiará a la gente a Cristo, sin importar el tiempo que viviera.

Durante el funeral, su hermana menor habló acerca de lo mucho que lo amaba, de la forma en que una jovencita como ella quería ser como él y de cuán molesto podía llegar a ser en ocasiones. Entonces, apareció el cáncer. Ella observó una diferencia muy profunda que lo cambió todo. Su hermano se había dado cuenta de lo que trata la vida. Luego, dijo esta frase: *La vida no es nada sin Dios*. Le demostró que no importa cuánto tiempo vivas, ni cuánto dinero tengas, ni siquiera qué tan bien te vaya en tu carrera. Su fe, a fin de cuentas, expresó un sencillo mensaje: La vida no es nada sin Dios. Se quedó maravillada de que alguien tan joven, su hermano, encontrara el significado de la vida. Y le agradeció por haberle dejado esa verdad tan importante: La vida no es nada sin Dios.

Cuando me levanté a predicar el mensaje unos minutos después, no tenía mucho que decir. Solo repetí una vez más lo que ella dijo: La vida no es nada sin Dios.

Entonces, hice esta aplicación. Si vives ochenta años, pero no descubres esa verdad, te has perdido la razón misma de tu propia existencia. Si ganas un millón de dólares, o diez millones, y tienes cientos de amigos y los elogios de tus mejores amigos, si tienes todo eso, pero no entiendes esta verdad básica, todavía te encuentras en el preescolar espiritual.

¿Has descubierto de qué se trata la vida? La vida no es nada sin Dios. Todo lo demás es solo detalles. Conocer al Dios que te creó es lo más importante en la vida. Le da sentido y propósito a todo lo demás. Si no conoces a Dios, nada más importa.

Así que la pregunta que necesito hacerte es esta: ¿Conoces a Dios y, si no es así, te gustaría conocerlo? La buena noticia es que puedes conocerlo. Sin embargo, antes de que podamos llegar a las buenas noticias, tenemos que afrontar las malas noticias. Y de eso trata el siguiente capítulo.

UNA VERDAD PARA RECORDAR

Si vives ochenta años, pero no conoces al Dios que te creó, te has perdido la razón misma de tu propia existencia.

Profundicemos

¿Cuál de las siguientes opciones te describe mejor dónde estás en tu viaje espiritual en este momento?

_____ Buscador

_____ Dudoso sincero

_____ Escéptico frustrado

_____ Verdadero creyente

_____ Espectador casual

_____ Espiritual, pero no religioso

_____ Excreyente

_____ Casi siempre confundido

_____ Perdido sin esperanza

Lee Jeremías 29:11. ¿Qué te dice este versículo acerca de la importancia de buscar a Dios?

_____

_____

_____

_____

_____

_____

¿Qué te resulta más difícil de creer: que Dios te ama y quiere una relación contigo o que Él te juzgará algún día a causa de tus pecados?

_____

_____

_____

¿Qué nos dicen estos pasajes del Antiguo Testamento acerca de quién es Dios?

_____

_____

_____

Éxodo 34:5-7 _____

_____

_____

Salmo 103:8-13 _____

_____

_____

Isaías 6:1-3 _____

_____

_____

Daniel 4:34-37 _____

_____

_____

2

LA VERDAD acerca de ti

HACE UNOS AÑOS, un amigo me pasó un recorte de un periódico de Chicago con respecto a una información un poco extraña escondida en los obituarios. Parece que murió «Wally, escucha las llamadas telefónicas. Por lo general, eso no traería ninguna atención en especial, pero mientras leía el recorte de periódico, me di cuenta de que «Wally. Escucha las llamadas telefónicas. no era un bandolero común.

El obituario lo llamaba «delincuente legendario de Chicago» que participó en diversos crímenes como uno de los personajes parecido a los de Damon {Runyon} Admitió sin rodeos que interceptó los teléfonos para sus clientes, entre los que había varios mafiosos famosos. Sin duda alguna, era bueno en lo que hacía. Durante su carrera criminal, lo condenaron, entre otras cosas, por estafar a compañías de seguros; dárselas de agente federal; apostar con fraude en carreras de caballos, lo que significaba que utilizaba equipos electrónicos para hacer apuestas en carreras ya celebradas en otras ciudades.

En cierto punto de su larga carrera, se le acercaron ciertos personajes de Hollywood que querían hacer una película sobre su vida. Sin embargo, cuando sus amigos de la mafia discutieron de forma amable el asunto con él, lo persuadieron a que no participara. «Mis amigos de la mafia», dijo, «me preguntaron cómo iba a gastar las ganancias de la película si me encontraba a dos metros bajo tierra. Entendí el mensaje y le dije adiós al guionista de Hollywood».

La historia me atrajo cuando conocí su verdadero nombre: Walter Dewey Pritchard. Cuando al señor Pritchard lo condenaron en 1984, después de declararlo culpable por crimen organizado interestatal, el juez hizo un revelador comentario: «No observo alguna redentora alguna en el señor Pritchard, excepto que es un tipo agradable». Eso me llevó a preguntarme si Wally y yo tendríamos acaso el mismo árbol genealógico. Hasta donde sé, no hay parentesco directo, pero apostaría que si vas hacia atrás lo suficiente, podrías descubrir que es mi tío en realidad, al menos tan lejos como de cuarta generacion.

Ese no fue el fin de mi reflexión. Mientras analizaba el asunto, me di cuenta de que esa historia podía haberse escrito sobre mí. «Tío» Wally y yo tenemos más en común de lo que me gustaría admitir. Un poco más de reflexión me condujo a una conclusión desconcertante: Lo que dijo el juez acerca de 'Wally'escucha las llamadas telefonicas. podía haberlo dicho de mí: «No observo característica redentora alguna en el señor Pritchard, excepto que es un tipo agradable». Desde el punto de vista bíblico, esa es una declaración precisa a la perfección. No hay características redentoras en mí.

¿Y qué ocurrió con el pecado?

Si crees que esto es demasiado duro, considera las palabras del escritor británico G.K. Chesterton: «Cualquier otra cosa que sea verdad o no, esto es algo cierto: el hombre no es lo que estaba destinado a ser». Estoy seguro de que no necesitas pasar mucho tiempo debatiendo ese punto. Si tienes alguna pregunta acerca de lo pecadores que somos, ve a cualquier parte del mundo, elige cualquier periódico que desees, en el idioma que quieras. Solo lee la primera plana y te convencerás.

En 1973, el psiquiatra Kart A. Menninger escribió un libro que tituló precedente: *Whatever Became of Sin?* Hay muchas respuestas para esta pregunta, pero esta es muy cierta: Nada ha ocurrido con el pecado, pero algo nos ocurrió a nosotros. Solo que ya no queremos hablar del pecado. No es un tema educado, sobre todo en la buena sociedad. Intenta mencionar la palabra «pecado» la próxima vez que asistas a una fiesta y observa lo rápido que se cambia de tema.

Sin embargo, al evitar el tema no se cambia la verdad. Algo malo ha pasado con el género humano. Nadie puede negar este hecho. No somos todo lo que podríamos ser. Sin importar cuánto nos enorgullezcamos de nuestros logros tecnológicos, el hecho de lo inhumano que es el hombre con el hombre siempre acapara las primeras planas. Los detalles varían, los rostros vienen y se van, pero la historia siempre es la misma. Algo maligno se esconde dentro del corazón de cada persona. Nadie es inmune, nadie está exento y nadie es inocente de verdad.

Llámalo como quieras: torcedura, mancha, inclinación, deseo de hacer lo malo. De alguna forma, en algún lugar, alguien inyectó veneno en el torrente sanguíneo humano. Por eso, aun cuando sabemos lo bueno, frecuentemente decidimos hacer lo malo de manera desafiante. El mundo es un desastre porque nosotros mismos somos un desastre. El problema no está allá afuera. Está en nosotros. El mundo es malo porque el mal se esconde dentro de nosotros.

No olvides cerrar tu auto con llave

Hoy en día, es común hablar acerca del mal como resultado de un ambiente malo, la falta de educación y la pobreza. Mucha gente cree que si tan solo pudiéramos cambiar esas cosas, lograríamos acabar con el mal en el mundo. Esperamos transformar a la gente transformando el medio. Luego de miles y miles de millones de dólares, eso no ha sucedido ni sucederá. Hoy hemos producido una generación de cibercriminales que utilizan la internet para cometer delitos a miles de kilómetros de distancia. A través de la tecnología moderna sabemos cómo asesinar a más personas con menos esfuerzo. El racismo permanece, los asesinatos continúan, el crimen se expande y las naciones siguen en guerra. La violencia étnica parece estar a la orden del día. ¿Por qué? Porque existe el mal dentro del corazón humano.

Durante un sermón pregunté cuántas personas cerraban las puertas de sus casas y autos con llave antes de entrar a la iglesia. La respuesta fue que casi todo mundo. Hemos elaborado sistemas de seguridad debido a que la naturaleza humana no ha mejorado.

Nuestro problema es el pecado que nos separa de Dios. «Son sus pecados los que los han separado de Dios» (Isaías 59:2, ntv). Lo llamamos de otras maneras, lo encubrimos y luego le ponemos otra etiqueta. Aun así, eso no da resultados. Uno puede tomar una botella de veneno para ratas y colocarle una etiqueta que diga «jugo de naranja», pero eso no transforma su característica básica. Si lo bebes, morirás. El veneno sigue siendo veneno sin importar cómo lo llames.

La naturaleza del pecado

¿Qué es el pecado? Es cualquier violación al carácter justo de Dios. Es cualquier cosa que digamos, hagamos, pensemos, imaginemos o planeemos que no llegue a la norma de la perfección de Dios. La Biblia utiliza muchas figuras verbales para describir el pecado:

El pecado es *maldad.* Esto significa que el pecado es todo lo que pasa por alto o viola el estándar puesto por Dios en la Biblia.

El pecado es *errar el blanco.* Imagina a un arquero lanzando una flecha y fallando tanto que no solo no da en el centro del blanco, sino que no da en ninguna parte del blanco. El pecado causa que apuntemos nuestra vida en la dirección equivocada y que erremos en el blanco de lo que Dios quiere que hagamos y seamos.

El pecado es *transgresión.* Esto significa ir más allá de los límites de lo que Dios dijo que es bueno y apropiado.

El pecado es *iniquidad.* Esta es una palabra más fuerte que significa decidir a propósito hacer el mal. Tiene implícita la idea de la desobediencia premeditada.

El pecado es *una desviación de la norma*. Esto describe la corrupción del alma que resulta en una vida llena de decisiones torcidas, obras malas y relaciones rotas.

El pecado se *pone en contacto con la fealdad interna del alma*. Involucra nuestros pensamientos, sueños y motivaciones ocultas que nadie puede ver. Sin embargo, Dios lo ve todo. Ocurre muchísimo por debajo de la superficie. Podemos ocultarnos de otros, y hasta ocultarnos de nosotros mismos, pero no podemos ocultarnos de Dios. Todas las cosas están expuestas a sus ojos que lo ven todo (Hebreos 4:13).

La Biblia se remonta hasta el jardín del Edén en cuanto al origen del pecado. Dios les dijo a Adán y Eva que no comieran del fruto de un árbol en particular. La serpiente engañó a Eva, que comió el fruto y luego se lo ofreció a Adán que, a pesar de que no lo engañaron, comió el fruto de todas maneras. A través de esa elección deliberada fue que el pecado entró al mundo. Antes de ese momento, Adán era un alma viviente en un cuerpo inmortal. Después de ese momento, se convirtió en un alma muerta en un cuerpo moribundo. Si tú hubieras estado allí ese día, todo lo que hubieran visto tus ojos era a un hombre que toma un fruto de la mano de su esposa y se lo come. Sin rayos, truenos, campanas ni música de terror de fondo. No obstante, a partir de ese acto de desobediencia se desencadenaron resultados desastrosos a través de la historia.

Los teólogos denominan a este acontecimiento la «caída». Significa que cuando Adán comió del fruto, cayó de un estado de inocencia a un estado de culpa. Cayó de la gracia al juicio. Cayó de la vida a la muerte.

Adán condujo el autobús hacia el precipicio

¿Y qué tiene que ver todo esto contigo y conmigo? De alguna forma misteriosa, tú y yo estuvimos allí. Cuando Adán pecó, tú pecaste con él y yo también. «Por medio de un solo hombre el pecado entró en el mundo, y por medio del pecado entró la muerte; fue así como la muerte pasó a toda la humanidad, porque todos pecaron» (Romanos 5:12). Esta es la doctrina del pecado original en su forma más simple. Significa que cuando Adán pecó, tú y yo pecamos. Cuando Adán desobedeció, tú y yo desobedecemos. Cuando Adán cayó, tú y yo caímos. Cuando Adán murió, tú y yo morimos. En otras palabras, aunque tú y yo no estuvimos históricamente allí en el jardín, debido a que somos descendientes de Adán, parte de su árbol genealógico, sufrimos las consecuencias de lo que hizo.

Te lo diré de otra forma. Adán era el conductor del autobús de la humanidad. Cuando condujo el autobús hacia el precipicio, caímos con él. O se podría decir que estaba en los controles cuando se estrelló el avión. No importa que estuviéramos en la parte de atrás, en la clase turista, mirando una película. Cuando se estrelló, todos nos incendiamos.

Cuando Adán pecó, contaminó el torrente sanguíneo humano. El virus del pecado entró al torrente sanguíneo humano y, como resultado, cada bebé que nace en este mundo está contaminado con el mortal virus del pecado. Cada persona nace con una tendencia a hacer lo malo. Todos nacemos con una naturaleza de pecado.

Quizá no nos guste afrontar esta verdad acerca de nosotros, y tal vez protestemos por no tener nada que ver con el pecado de Adán. Un amigo mío me dijo que su padre tiene una dolorosa enfermedad llamada gota y tres de los hijos tienen también la gota. Me dijo que su padre a menudo bromeaba con sus hijos comentándoles: «Ustedes no escogieron muy bien a sus padres». Sin embargo, nosotros no escogemos a nuestros padres de manera física ni espiritual. No tenemos nada que ver con las características físicas que heredamos de nuestros padres. De igual forma, heredamos una naturaleza pecaminosa de Adán porque está en la raíz de cada árbol genealógico de todo el género humano.

Muchas personas piensan que Dios tiene algún tipo de medidor divino que registra lo «Bueno», lo «Neutral» y lo «Malo». Piensan que están en algún lugar justo en el medio: ni muy malo, ni muy bueno, casi siempre en lo neutral. No son lo mejor, pero tampoco lo peor. Sin embargo, la Biblia nos dice que debido al pecado de Adán llegamos al mundo con la aguja atascada con firmeza en el indicador de «Malo». Apartados de la gracia de Dios, ahí es donde permanecerá la aguja mientras vivamos.

Tú no eres malo porque haces lo malo. Tú haces lo malo porque eres malo. Tu naturaleza básica es corrupta y malvada. Esa es tu herencia de Adán. Tú naciste en el lado salvaje. Naciste con un signo negativo en tu registro. Te dirigiste al lugar equivocado allá en el jardín y has estado en el camino equivocado desde entonces.

Comenzó con Adán, pero no terminó allí. Continúa en tu vida y en la mía. Adán fue el primer pecador, pero no fue el último. Nosotros seguimos las huellas de nuestro antepasado porque compartimos su sangre contaminada.

Si el pecado fuera azul

Puedo imaginar a alguien leyendo hasta este punto y diciendo: «¿No tienes alguna buena noticia que comunicarnos? ¿Hay alguna esperanza?». La respuesta es sí, hay una enorme esperanza para todos nosotros. Ya vienen las buenas nuevas, pero no estamos del todo listos para escucharla todavía. Necesitamos entender la profundidad de nuestro problema, antes de que logremos apreciar. la maravillosa solución de Dios.

¿Qué tan malo es el problema? He aquí la razón básica: El pecado ha infectado cada parte de tu ser: tu mente, tus emociones, tu voluntad, tu intelecto, tu razonamiento moral, tu toma de decisiones, tus palabras y tus hechos. Ninguna parte de tu ser está exenta de los debilitantes efectos del pecado. Como dijera alguien: «Si el pecado fuera azul, estaríamos azules por todas partes». Una parte sería azul oscuro, otra sería azul cielo, otra sería azul claro, pero cada parte sería azul en un tono u otro.

Esto nos deja con la solemne afirmación de Dios de que «no hay un solo justo, ni siquiera uno» (Romanos 3:10). Cuando Dios mira desde el cielo, no ve a una sola persona justa, ni siquiera una. Entonces, ¿cómo puede ocurrir esto? ¿Cómo es que Dios puede mirar a unos seis mil millones de personas y no ver siquiera a una persona cuya vida le deleite? ¿No es esto un juicio demasiado severo? La respuesta es que Dios juzga de acuerdo a un estándar distinto al que usamos nosotros. La mayoría de nosotros evalúa sobre la curva. Es decir, observamos a nuestro vecino y decimos: «No soy tan malo como él». O nos comparamos con alguien que conocemos en nuestro trabajo y que nos hace ver bien, o al menos lo pensamos.

Sin embargo, Dios no juzga de esa forma. Cuando observa desde el cielo, la norma que utiliza es su propia perfección sin pecado. Nos compara con su propia santidad perfecta, su propio amor perfecto, su propia sabiduría perfecta y su propia justicia perfecta. Comparados con la perfección de Dios, no existe nadie, ni una sola persona, que sea justa a sus ojos.

En busca de una persona justa

Entonces, ¿dónde encontraremos a una persona justa sobre la tierra? ¿En Brasil? No. ¿En Afganistán? No. ¿En Japón? No. ¿En Sudáfrica? No. ¿En Turquía? No. ¿En Israel? No. ¿En Estados Unidos? No. ¿Encontraremos a una persona justa en el Congreso? No. ¿Y qué tal en Hollywood? Olvídalo. ¿Puedes hallar a una persona justa en las iglesias? De seguro que no. ¿Hay algún lugar sobre toda la tierra en el que podamos hallar a un hombre o una mujer justo de verdad? La respuesta es no. Desde el punto de vista de Dios no existe una sola persona justa entre todo el género humano.

Incluso mientras leemos estas palabras, hay algo dentro de nosotros que se resiste a esta severa conclusión. Cuando Dios observa desde el cielo, ve a un género de personas pecadoras hasta la médula. Somos como una canasta de frutas podridas bajo el candente sol del verano. Todos nos «echamos a perder» a los ojos de Dios.

Puesto que todos descendemos de Adán, no hay lugar para el orgullo ni para un sentimiento de superioridad sobre los demás. Todos estamos en el mismo lugar: creados por Dios, hechos para conocerlo, caídos hasta lo más profundo y muy amados. Y todos necesitamos el toque salvador de Jesucristo.

Parte de nuestro problema en este punto es que nos resulta fácil confesar los pecados de otros. La tendencia hacia la hipocresía se muestra de muchas maneras sutiles. ¿Alguna vez has notado la forma en que nos gusta «cambiarles el nombre» a nuestros pecados? Hacemos eso al asignarles los peores motivos a los demás, mientras usamos frases distintas para quedar libres de responsabilidades. Si lo dices tú, eres mentiroso; si lo digo yo, solo digo la verdad. Si lo haces tú, eres tramposo; si lo hago yo, solo «hago una excepción de la regla».

- Tú pierdes los estribos; yo tengo una ira justa.
- Tú eres grosero; yo tengo un mal día.
- Tú maldices y juras; yo dejo salir la presión.
- Tú eres agresivo; yo me orientó en gran medida a las metas.
- Tú eres ambicioso; yo solo me ocupo del negocio.
- Tú eres hipocondríaco; pero yo estoy enfermo de verdad.
- Tú apestas; yo solo tengo un «aroma terrenal».

Y así continúa. Todos tenemos mil maneras de excusar nuestra conducta mientras que al mismo tiempo criticamos a otros por hacer las mismas cosas. No es de sorprenderse que Jesús dijera: «El que nunca haya pecado que tire la primera piedra» (Juan 8:7, ntv). Si todos siguiéramos esa norma, el volumen de las críticas en el mundo descendería en seguida a cero.

Un buen amigo estaba teniendo problemas en su matrimonio. Cuando le pregunté cuál era su principal problema y cuál era el principal problema de su esposa, mi amigo sonrió con arrepentimiento y me dijo con total sinceridad: «Veo sus problemas mucho mejor que los míos». Sonreí y admití que yo soy igual. Siempre me veo bastante bueno. Esa es la naturaleza humana, ¿cierto? Todos nosotros, incluso los mejores, somos propensos a la hipocresía debido a que, por naturaleza, salvamos nuestras responsabilidades con demasiada facilidad. Y cuando ya no quedan más excusas, volvemos al punto de partida. Todos somos pecadores.

Tu posición en la vida no cambia la realidad de tu condición ante Dios. Quizá seas...

un estudiante
un empleado de carrera
un ejecutivo corporativo
una mamá o un papá que se queda en casa
un padre soltero
una persona mayor
un hombre con recursos
una mujer adinerada
un buen ciudadano
un hombre inocente injustamente condenado

Eso no importa. Sigues siendo un pecador a los ojos de Dios.

Las consecuencias del pecado

¿Dónde nos deja todo esto? Podemos resumir la información bíblica de esta manera. Debido al pecado, estamos...

- *Perdidos:* Estar perdidos significa encontrarnos en una posición de gran peligro personal porque no podemos hallar por nuestra cuenta el camino a la seguridad.

- *Separados de Dios:* El pecado creó un gran abismo entre Dios y nosotros. Nos crearon para conocer a Dios, pero nuestros pecados nos separan de Él. Lo sentimos y sabemos que es verdad. Existe un grueso muro entre nosotros, una montaña de pecado que se levanta y un profundo valle debajo de nosotros. Por eso no tenemos descanso. Nada sobre la tierra puede satisfacer nuestra hambre por Dios. Es por eso que buscamos, investigamos, intentamos y nos esforzamos.

- *Ciegos:* El pecado destruye nuestra capacidad de ver las cosas con claridad. Vivimos en la oscuridad del pecado, y ni el más mínimo rayo de luz penetra en nosotros.

- *Muertos:* Una persona muerta tiene ojos, pero no ven; oídos, pero no oye, labios, pero no hablan; pies, pero no caminan. Los muertos espirituales no tienen capacidad interna para responder a Dios. A menos que alguien los levante a la vida, jamás lograrán conocer al Dios que los creó.

- *Esclavizados:* Por causa del pecado somos esclavos de nuestros propios malos deseos. Hasta nuestros corazones se han corrompido. Si actuamos por nuestra cuenta, a cada momento decidimos hacer lo malo. Por más que nos esforcemos, no nos podemos cambiar a nosotros mismos. Estamos esclavizados, ¡y no podemos liberarnos! Dios dice: «No»; pero nosotros decimos: «Sí»; y luego, terminamos odiándonos. ¿Por qué? Porque somos esclavos del pecado. El pecado es nuestro amo, nos gobierna, nos domina. Somos personas de altos ideales y voluntades débiles, de grandes sueños y obras pequeñas, de elevadas esperanzas y vidas inferiores.

- *Indefensos:* Este es el fin lógico de todo esto. Una persona perdida, separada, ciega, muerta y esclavizada está indefensa de verdad. Está atrapada y sin esperanza. Cualquier ayuda debe venir de otro lugar.

El primer paso es el más difícil

No hace mucho tiempo, un hombre me escribió para contarme acerca de un ministerio que tenían él y su esposa. Su objetivo es ayudar a cualquier persona que luche con la adicción al alcohol. El hombre comentó que para la mayoría de los alcohólicos (hablaba por experiencia propia), la parte más difícil del proceso es admitir que necesitas ayuda. Me habló de la dificultad de ser sincero por completo respecto al caos en el que está tu vida y lo fácil que es racionalizar, reducir al mínimo, dar excusas, a fin de contar parte de la verdad, pero no toda la verdad. Los que han participado en el programa te dirán que el primer paso es el más difícil y el más crucial. Hasta que no afrontes las malas noticias sobre tu condición, no puedes entregar tu vida a Dios y pedir su ayuda en verdad y por completo.

Lo mismo es cierto para todos nosotros, sin importar cuáles sean nuestros problemas personales. El pecado nos ha dejado sin poder, esclavizados e incapaces por completo de salvarnos a nosotros mismos. Hasta que no lo admitamos, nuestras vidas nunca pueden cambiar en realidad.

Es muy posible que no veas tu vida en esos términos. Decir que eres pecador no significa que seas tan malo como podrías serlo. Muy pocos llegamos alguna vez a lo más profundo de nuestras propias inclinaciones pecaminosas. No obstante, si somos sinceros, tenemos que admitir que hasta en nuestros mejores días nos quedamos cortos respecto al estándar de Dios para la perfección absoluta. Aun si tu vida pareciera estar en buena forma, la Biblia dice que sigues siendo pecador. Este es el veredicto de Dios acerca de todo el género humano.

He aquí la conclusión: Naciste en pecado, separado de Dios, caído, corrupto y muerto en lo espiritual. Estás muriendo en lo físico y estás muerto en lo espiritual. Tú tienes la responsabilidad por cada pecado que cometas en toda la vida.

Tienes un gran problema. A menos que Alguien intervenga para ayudarte, jamás te salvarás.

El número uno en cirugía a corazón abierto

Tengo varios amigos que han pasado por tratamientos de quimioterapia muy difíciles para el cáncer. Por cierto, para algunos fue en verdad una experiencia muy desagradable. No conozco a nadie que se someta a la quimioterapia por diversión. Uno se somete a ella porque el médico dice: «Si no lo haces, morirás». Así que uno lo acepta como el único recurso disponible. Si el pecado es el cáncer del alma, el evangelio es el recurso divino de Dios. Es más, es el único recurso para el pecado.

Un amigo me contó acerca de una valla publicitaria colocada cerca de una autopista de Chicago anunciando los servicios cardíacos del Hospital Cristo en el área de Oak Lawn. La valla decía: «Cristo es el número uno en cirugías a corazón abierto». No conozco el hospital, pero puedo dar fe de su homónimo. Sin duda, Jesucristo es el número uno en cirugía a corazón abierto. Jamás ha perdido ningún caso. Cuando llegas a Él por la fe, te da un nuevo corazón.

El evangelio es el de las buenas nuevas. Sin embargo, hasta que no veamos lo malas que son las malas nuevas, jamás entenderemos por qué las buenas nuevas son tan buenas.

Si todavía estás leyendo esto, ¡anímate! Ya pasó lo peor. Las buenas nuevas están a la vuelta de la esquina.

⚓ UNA VERDAD PARA RECORDAR

Las únicas personas que piensan que son lo bastante buenas para ir al cielo son las personas que no saben lo malas que son en realidad.

Profundicemos

1. ¿Te consideras pecador? Sí o no, ¿por qué? ¿Cómo defines el «pecado»?

_____

_____

_____

_____

_____

2. ¿Crees en el cielo y en el infierno? Sí o no, ¿por qué? ¿Qué tan seguro estás de esto? Si murieras en este momento, ¿adónde irías: al cielo, al infierno o a algún otro lugar? ¿Qué tan importante es para ti saber la respuesta a la última pregunta?

_____

_____

_____

_____

_____

3. ¿Qué enseñan los siguientes versículos acerca de nuestra verdadera condición separados de la gracia de Dios?

_____

_____

_____

_____

_____

_____

Lucas 19:10 Estamos _____.

Efesios 2:1-2 Estamos espiritualmente _____.

Isaías 59:2 Estamos _____ de Dios.

Tito 3:3 Somos del _____ pecado.

2 Corintios 4:4 Estamos espiritualmente _____.

Juan 3:18 Ya estamos _____.

A la luz de estos versículos, ¿cómo le responderías a alguien que dice: «Seré un pecador, pero no soy tan malo. Yo mismo puedo resolver mis problemas»?

_____

_____

_____

_____

_____

Para cada una de las declaraciones siguientes, escribe: «De acuerdo», «No estoy de acuerdo» o «No estoy seguro».

_____

_____

_____

_____

_____

_____

_____ Dios está muy enojado conmigo debido a mi pecado.

_____ Todo está bien entre Dios y yo.

_____ Dios sabe que ahora mismo estoy haciendo las cosas lo mejor que puedo.

_____ No soy perfecto, pero no diría que soy pecador.

_____ Casi todos mis problemas no son por culpa mía en realidad.

_____ Si soy lo bastante bueno, Dios perdonará mis pecados.

_____ No me preocupo por Dios y Él no se preocupa por mí.

_____ Dios me ama a pesar de mi pecado.

_____ No creo en el concepto del pecado.

_____ ¡Soy pecador! No hay duda de eso.

3

SUBLIME gracia

EN SU LIBRO *Gracia divina vs. Condena humana,* el autor Philip Yancey comenta que la gracia es la «última de las grandes palabras». Da a entender que es una de las últimas palabras antiguas que ha retenido algo de su significado original: «Don o favor que se hace sin merecimiento particular; concesión gratuita». Señala que, cuando oramos por los alimentos, le agradecemos a Dios nuestros alimentos, Estamos agradecidos por la bondad mostrada por otra persona. Para mostrar nuestro agradecimiento ofrecemos una «propina». Algo que se ofrece sin costo alguno.[gratuito]. Y cuando se vence el plazo de un libro a la biblioteca, es posible que lo devolvamos sin cargos durante un período de tiempo.

Por lo general, se dice que el cristianismo es una religión suprema de la gracia. Y eso, sin duda, es verdad. Cantamos acerca de la gracia, escribimos poemas acerca de la gracia, les ponemos nombres a nuestras iglesias y a nuestros hijos con la palabra gracia. Sin embargo, con todo eso, la gracia no se entiende bien y a menudo no se cree en realidad. Utilizamos muchísimo la palabra, pero pocas veces pensamos en lo que significa. Parte de nuestro problema está en la naturaleza de la gracia misma. La gracia es escandalosa. Difícil de aceptar. Difícil de creer. Difícil de recibir. Todos tenemos cierto escepticismo cuando un vendedor nos dice por teléfono: «No estoy tratando de venderle nada. Solo le estoy ofreciendo un viaje gratuito a Hawái». De forma automática nos preguntamos: «¿Cuál es el truco?». Esto se debe a que nos han enseñado a todos que no hay nada que sea gratis;

Yancey señala que la gracia nos impacta con lo que ofrece. A decir verdad, no es algo de este mundo. Nos asusta por lo que hace por los pecadores. La gracia nos enseña que Dios hace por otras personas lo que nosotros nunca haríamos por ellas. La gracia es un don que le cuesta todo al que la da y nada al que la recibe. Se le da a los que no la merecen, apenas la reconocen y es difícil que la aprecien.

Jeffrey Dahmer y yo

Mientras reflexionaba en las palabras de Yancey, recordé una ilustración que leí hace tiempo. Considera por un momento los hechos de Jeffrey Dahmer, un asesino de mala fama. Después que lo detuvieron y encarcelaron, profesó su fe en Jesucristo. Es decir, afirmó reconocer el error de su manera de ser, confesó sus pecados y clamó a Jesús para que lo perdonara. Jamás conoceremos toda la historia de lo que ocurrió porque lo golpearon hasta la muerte en la prisión poco después de esto.

Cuando pensamos en Jeffrey Dahmer y la posibilidad de que en verdad se haya arrepentido de verdad. después de esos crímenes atroces, nuestra primera respuesta quizá sea decir: «Hay gracia *hasta* para personas como Jeffrey Dahmer». Esa declaración, tan cierta como es, al menos revela mucho acerca de nosotros como de él. Piensa en esa palabra «hasta». Admitimos que Dios salvaría a un hombre como Jeffrey Dahmer. a todos nos gustaría creer que somos «mejores» que Jeffrey Dahmer y que de seguro no somos tan malos como lo fue él.

Jeffrey Dahmer y la madre Teresa

Entonces, cuando se despeja el humo, creo que hay una verdad aquí que debemos considerar. Muchísimas personas religiosas son como el fariseo que oró: «Oh Dios, te doy gracias porque no soy como otros hombres —ladrones, malhechores, adúlteros— ni mucho menos como ese recaudador de impuestos». Bien podía haber dicho también: «Dios, te doy gracias porque no soy como Jeffrey Dahmer». Bueno, eso es verdad. El fariseo no era como Jeffrey Dahmer. Y tampoco experimentó la gracia de Dios. Volvió a su casa en su pecado, mientras el odiado recaudador de impuestos terminó justificado por Dios cuando con humildad oró: «¡Oh Dios, ten compasión de mí, que soy pecador! » (para la historia que Jesús contó, lee Lucas 18:9-14).

Mientras pienses que eres mejor que otras personas, no estarás listo para ser salvo de tus pecados porque no has considerado lo grandes que son en realidad tus pecados. Jesús no vino a salvar a «casi» pecadores, ni a pecadores «parciales», ni a pecadores «no tan malos». Mientras sientas la necesidad de incluir algún tipo de adjetivo calificativo al lado de la palabra «pecador», no estarás listo para venir a Jesús. No verías tu necesidad de la gracia de Dios.

Poner el asunto de esta manera no es para negar las reales diferencias morales entre las personas. ¿No hay diferencia entre Jeffrey Dahmer y la madre Teresa? Por supuesto que la hay. Uno fue un sádico asesino, la otra fue un instrumento de la misericordia de Dios para multitudes de personas que sufrían. Sin embargo, nuestro punto de vista es lo más importante. Supongamos que arrojamos a Jeffrey Dahmer al abismo más profundo en la tierra. A continuación, nos movemos a la cima de la torre Sears en el centro de Chicago. Allí miramos por la barandilla, nos reimos. de Jeffrey Dahmer y nos felicitamos por estar tan por encima de él. Ahora considera lo que observa Dios. Desde el cielo, mira hacia abajo, como si la tierra estuviera a miles de millones de kilómetros de distancia. ¿Qué ocurre con la distancia que hay entre Jeffrey Dahmer y nosotros? Se desvanece desde el punto de vista de Dios. Por eso es que Romanos 3:22 dice: «No hay distinción». Y es por eso que el siguiente versículo dice: «Pues todos han pecado y están privados de la gloria de Dios». Todos estamos en el mismo barco. Nos guste o no.

Se busca: Un hombre justo

Por dieciséis años serví como pastor de una iglesia en Oak Park, Illinois. Cierto domingo, durante un sermón, dije que no había personas justas en Oak Park. Ninguna. El siguiente domingo, una mujer me estrechó la mano y dijo que quería hacerme una pregunta. Puedo decir que estaba muy preocupada por algo. «La semana pasada dijo que no hay un justo en toda Oak Park». Es verdad. Por supuesto que dije eso, y también dije que no hay personas justas en ninguna de las ciudades y los pueblos de los alrededores. Aparte de la gracia de Dios, no se encuentra la justicia en ningún lugar. Con un rostro marcado por una preocupación intensa, preguntó: «Pero pastor Ray, si usted no es un hombre justo, ¿dónde podemos encontrar uno?».

Su pregunta fue genuina y sincera. No dije lo que pude haber dicho: «Si me conociera como me conoce mi familia, no preguntaría eso». En su lugar, le dije que escuchara mi sermón y que hallaría la respuesta. Le volví a relatar la historia a la congregación y dije que me gustaría mostrarle a la única persona justa en Oak Park o, para el caso, en cualquier otro lugar. Apuntando a la cruz sobre la pared detrás del púlpito, declaré que Jesús es el único hombre justo que ha vivido jamás.

Y en comparación con él, soy Jeffrey Dahmer.

Jesucristo fue puro, santo y perfecto en todo aspecto. Nunca pecó, ni siquiera una sola vez. Aunque lo intentaron con severidad, nunca se dio por vencido. Todos y cada uno del resto de nosotros nos quedamos tan cortos que ni siquiera podemos comenzar a compararnos con Él. Es el único hombre justo que caminó en esta tierra.

Y nosotros lo crucificamos. Su recompensa por hacer la voluntad de Dios fue la muerte en una sangrienta cruz romana. He aquí la maravilla de la gracia de Dios en acción. A partir del asesinato de un hombre perfecto surgió el plan de Dios para rescatar al género humano.

Esto, pienso yo, es lo que Philip Yancey quiere decir cuando denomina a la gracia «escandalosa» e «impactante». Sin duda, lo es. Para el corazón humano, ninguna doctrina es más repugnante que la doctrina de la gracia, debido a que nos fuerza a admitir que estamos indefensos en realidad debido a nuestro pecado.

Gracia necesitada

Una de nuestras mayores objeciones en este punto tiene que ver con el hecho de que no somos tan malos como podríamos ser. Podríamos ser peores. Después de todo, no hemos quebrantado en su totalidad los Diez Mandamientos. Eso es cierto para la mayoría de nosotros, al menos en el sentido literal y externo. Sin embargo, la Biblia dice que quebrantar cualquier parte de la ley de Dios es lo mismo que quebrantarla toda. Santiago 2:10 dice: «El que cumple con toda la ley pero falla en un solo punto ya es culpable de haberla quebrantado toda». En ese sentido, los Diez Mandamientos son como una cadena de diez eslabones que se extiende desde la tierra hasta el cielo. Si rompes uno de esos eslabones, no importa qué tan bien hayas guardado los otros nueve. El quebrantamiento de uno es lo mismo que quebrantarnos a todos.

Esto me resultó más evidente cuando nuestros hijos eran pequeños y yo cuidaba a los dos hijos menores mientras mi esposa iba de compras con el hijo mayor. Al poco rato de marcharse, escuché un gran ruido proveniente de nuestro patio. Antes de que siquiera me levantara de mi silla, mi hijo menor corrió al interior de la casa y me dijo: «Mark rompió un cristal en la puerta corrediza». Entonces, antes de que saliera a comprobarlo, Mark llegó corriendo y me dijo: «No te preocupes, papá. Solo se rompió una parte». «¿Qué parte?», pregunté. «La de la esquina de abajo».

Cuando salí a verificar, había un agujero del tamaño de mi puño en la esquina inferior derecha del cristal. ¿Qué ocurrió? Bueno, los chicos se habían apropiado de mis palos de golf y practicaban sus golpes. Sin duda alguna, el tiro de Mark no era mucho mejor que el mío, ya que golpeó y envió la bola justo a través de la puerta corrediza. Sin embargo, me aseguró otra vez que todo estaba bien porque solo había roto una parte. Con paciencia, le expliqué que así no funcionaban las cosas. Si se rompe cualquier parte del cristal, era como si se rompiera todo, pues se debe sustituir toda la pieza.

Lo mismo sucede con la ley de Dios. No existe tal cosa como un pecador «moderado». Eso es como decir que se está «un poco» embarazada. O eres un pecador o no lo eres. Si quebrantas cualquier parte de la ley de Dios, es como si la quebrantaras toda. No puedes reparar la situación al tratar de compensar por tu pecado en otras areas Dios no aceptará esa solución. No importa qué tan bueno crees que seas, todavía estás necesitado de la gracia de Dios.

Gracia concedida

La Biblia lo pone de esta manera: «Pero Dios, que es rico en *misericordia,* por su gran *amor* por nosotros, nos dio vida con Cristo, aun cuando estábamos muertos en pecados. ¡Por *gracia* ustedes han sido salvados!» (Efesios 2:4-5, énfasis añadido). Revisa esas palabras en cursiva: «amor, misericordia, gracia». La gracia significa que, mientras estábamos muertos en nuestros pecados de manera completa, total y absoluta, Dios decidió hacer algo para rescatarnos. El amor es Dios alcanzando a sus criaturas con bondad. La misericordia es Dios reteniendo el castigo que justamente merecemos. Piénsalo de esta manera. Imagina un deposito enorme lleno del amor de Dios. a medida que comienza a fluir hacia nosotros, se convierte en un río de misericordia. Cuando cae como cascada sobre nosotros, la misericordia se convierte en un torrente de gracia. He aquí una buena manera de recordar la diferencia entre misericordia y gracia:

- La Misericordia es Dios que no nos da lo que merecemos: juicio.
- Gracias a Dios que nos da lo que no merecemos: sal5vación.

La imagen de un poderoso río de gracia que nos inunda es útil en especial, ya que la gracia siempre desciende de Dios al hombre. La gracia nunca va hacia arriba; siempre viene hacia abajo. La gracia, por definición, significa que Dios nos da lo que no merecemos y que nunca podríamos ganarnos.

Gracia recibida

¿Cómo se le comunica la gracia al corazón humano? Efesios 2:8-9 nos da la respuesta: Porque por gracia somos salvos mediante la fe; esto no procede de ustedes, sino que es el regalo de Dios, no por obras, para que nadie se jacte». La gracia viene a nosotros a través de la fe, no por obras, no por la religión, no por algo que podríamos concebir como «ganar» el favor de Dios. La gracia nos salva a través de la fe. Nada más y nada menos. Algo en nosotros siempre quiere añadir algo a la gracia gratuita de Dios. Es humillante admitir que no podemos hacer nada para ganar nuestra liberación del pecado. Sin embargo, cada vez que añadimos algo a la gracia, le restamos a su significado.

La gracia debe ser gratuita o no es gracia en lo absoluto. ¿Gracia gratuita? Por supuesto. ¿De qué otra clase podría ser?

La gracia es la fuente, la fe es el medio y la salvación es el resultado. O podría decirse que la gracia es el depósito, la fe es el canal y la salvación es la corriente que lava mi pecado. Y todo esto es el regalo de Dios, hasta la fe que se aferra a la gracia de Dios. Incluso nuestra fe no es de nosotros. Es también parte del regalo de Dios. Nuestra situación es tan desesperada que la salvación debe venir de otro lugar. Necesitamos la ayuda que viene de fuera de nosotros mismos. No somos salvos por lo que hacemos, sino por lo que Jesucristo hizo por nosotros.

Somos salvos por la gracia a través de la fe:

- Aparte de las obras
- Aparte de toda «bondad» humana

Esa salvación se otorga de forma gratuita y se recibe solo por la fe.

«Tú y yo, Jesús»

Este enfoque de la gracia es difícil de aceptar por la gente buena porque significa que tenemos que renunciar a nuestra «bondad» a fin de ser salvos. Debemos admitir que nada de lo que hemos hecho importa en lo más mínimo cuando se trata de que Dios nos perdone. ¿Cómo sería el cielo si tuvieras que ganarte tu entrada allí? Sería como asistir a una de esas cenas de políticos que cuestan quinientos dólares y donde la gente se levanta para presumir lo mucho que contribuyeron para ayudar a su candidato a ganar la elección. «Yo cooperé con cinco mil dólares». «¿Y eso qué? Yo contribuí con diez mil». «Eso no es gran cosa. Yo di cincuenta mil». «Háganse a un lado, llorones. Este señor me pertenece. Recibió trescientos mil dólares de mi dinero». Y así sucesivamente.

El cielo sería de esa manera si tuvieras que ganarte tu entrada allí. «Yo fui líder en mi iglesia». «Yo hice las grabaciones de audio para los invidentes». «Yo di un millón de dólares para las misiones mundiales». «Yo ayudé a las ancianas a cruzar la calle». «Yo les cambié los vendajes a las víctimas quemadas». Sin importar qué tan buenas sean todas esas cosas, no ayudarán a perdonar siquiera un pecado. No te salvarán ni te ayudarán a salvarte.

¿No sería horrible pasar la eternidad escuchando a la gente presumir de lo que hicieron para ganar su salvación? Si ese fuera el caso, el cielo no sería el cielo. Alguien le pondría el brazo sobre los hombros de Jesús y diría: «Tú y yo, Jesús, lo logramos. Tú moriste en la cruz y yo horneé las galletas».

Cuando Jesús murió en la cruz, Él pagó el precio completo por tu salvación. No importa si tú horneaste las galletas o no. Jesús mismo pagó el precio en su totalidad. La entrada al cielo está limitada para los que confían en Jesucristo, y solo en Él, para su salvación.

¡Mil puntos para ir al cielo!

La siguiente historia es imaginaria por completo, pero establece un punto importante. La escena: San Pedro está atendiendo la recepción a la entrada de las puertas del cielo. Llega un hombre de muy buena apariencia y muy bien vestido. Cuando toca el timbre, San Pedro dice:

—¿En qué puedo ayudarle?

—Quisiera entrar al cielo —le responde el hombre.

—Excelente —le dice Pedro—. En verdad estamos encantados de recibirle. Siempre queremos más personas en el cielo.

»A fin de entrar al cielo tiene que ganar mil puntos —le dice San Pedro después.

—Eso no será un problema —responde el hombre—. Toda mi vida fui un buen hombre. Participé en actividades cívicas. Siempre di mucho dinero a causas caritativas. Durante veinticinco años fui el presidente de la Asociación Cristiana de Jóvenes.

—Eso es un récord maravilloso —dice San Pedro mientras lo escribe todo—. Tienes un punto.

Desconcertado, el hombre añade:

—Estuve casado con mi esposa durante cuarenta y cinco años. Siempre le fui fiel. Tuvimos cinco hijos, tres niños y dos niñas. Siempre los amé y pasé mucho tiempo con ellos, asegurándose de que recibiera una buena educación. Siempre los cuidé bien y resultaron ser muy buenos hijos. Fui un verdadero hombre de familia.

—Estoy muy impresionado —dice San Pedro—. No recibimos a mucha gente como usted por estos lugares. Eso le da otro punto.

Para este momento el hombre está sudando la gota gorda y comienza a temblar.

—Usted no comprende. Estuve activo en mi iglesia. Iba cada domingo. Daba dinero cada vez que recogían las ofrendas. Fui diácono y anciano. Incluso canté en el coro. Durante veinticinco años fui maestro de Escuela Dominical.

—Es evidente que su récord es admirable. Eso le da otro punto —le dice San Pedro, para añadir después—: Permítame sumar esto. Tiene uno, dos, tres puntos. Solo faltan novecientos noventa y siete.

Temblando, el hombre cae de rodillas. Desesperado, clama:

—¡Si no es por la gracia de Dios, nadie puede entrar aquí!

San Pedro lo mira y sonríe:

—Felicitaciones, acaba de recibir mil *puntos*.

La gracia nunca va hacia arriba; siempre viene hacia abajo. La gracia, por definición, significa que Dios nos da lo que no merecemos y que nunca podríamos ganar.

Profundicemos

Efesios 2:1-10 ofrece una de las más claras explicaciones de la gracia en la Biblia. Las siguientes preguntas se basan en este pasaje.

De acuerdo con los versículos 1-2, ¿qué palabras o frases describen nuestra verdadera condición antes de que llegáramos a Cristo para la salvación?

_____

_____

_____

_____

Los versículos 4-5 menciona tres palabras que describen la acción de Dios hacia nosotros: amor, misericordia y gracia. Define brevemente cada palabra en lo que se refiere a Dios.

_____

_____

_____

_____

Si la salvación es por gracia y no por obras (versículos 8-9), ¿por qué muchas personas creen que tienen que hacer buenas obras con el fin de ir al cielo?

_____

_____

_____

_____

¿Cómo reaccionas a la enseñanza de que no hay nada en absoluto que puedas hacer para salvarte a ti mismo ya que la salvación es un don gratuito de Dios y debe recibirse solo por la fe?

_____

_____

_____

_____

4

UN HOMBRE
llamado Jesu

¿QUIÉN ES JESUCRISTO? Antes de que respondas esta pregunta, vamos a poner la escena. Son apenas unos minutos después del mediodía en el centro de Filadelfia. Caminas con algunos amigos hacia un lugar favorito para almorzar y, de repente, te intercepta un equipo de cámaras para una entrevista espontánea. Para tu sorpresa, sus preguntas no tienen nada que ver con la política, la economía, ni cuál es tu opinión respecto al castigo. El entrevistador quiere saber lo que piensas acerca de Jesucristo. ¿Quién es Él? Mientras titubeas buscando una respuesta, la cámara de vídeo graba tu malestar. No estabas preparado para esto, mucho menos vestido para la ocasión, y ahora te interrogan sobre la teología mientras que tus amigos te observan a metro y medio de distancia. Los segundos pasan mientras varias respuestas cruzan por tu mente. Un buen hombre el Hijo de Dios, un profeta, un rabino galileo, un maestro de la Ley de Dios... la encarnación del amor de Dios... el espíritu reencarnado de un maestro... el mayor revolucionario... el Mesías de Israel... Salvador... un sabio del primer siglo... un hombre como cualquier otro hombre... Rey de reyes... Un maestro incomprendido... el Señor del universo... un tonto que pensó que era el Hijo de Dios... el Hijo del hombre... una invención de la iglesia primitiva».

¿Qué respuesta darías tú? Antes que respondas, déjame decirte que puedes hallar personas hoy en día que darían cada una de esas posibles respuestas. Sin embargo, eso no es nada nuevo. Cuando Jesús les preguntó a sus discípulos: «¿Quién dice la gente que soy?», le contestaron con cuatro respuestas distintas (lee Mateo 16:1316). Aun cuando caminó en esta tierra, la gente estaba confundida respecto a su verdadera identidad. Algunos pensaban que era un profeta, otros que era un gran líder político y aun otros que era Juan el Bautista que resucitó.

Una pregunta con muchas respuestas. Un hombre con muchos rostros.

No es suficiente creer en Jesús. Debes estar seguro de que el verdadero Jesús es el Jesús en el que crees. En un mundo de falsificaciones espirituales, tu destino eterno depende de conocer al Cristo de Dios que está revelado en el Nuevo Testamento.

¿Quién es Jesucristo? O, para tomar prestada una frase: «¿Podría levantarse el verdadero Jesucristo, por favor?». La única forma de descubrir al verdadero Jesús es yendo a la fuente original: la Biblia. Si te gustaría conocer personalmente a Jesús, aquí tienes siete declaraciones que resumen quién es Él en realidad.

1. Él tuvo una entrada sobrenatural en el mundo

Por el Antiguo Testamento sabemos que muchos detalles sobre su venida se profetizaron cientos de años antes de su nacimiento. El profeta Isaías predijo que nacería de una virgen (Isaías 7:14), y otro profeta llamado Miqueas identificó a Belén como su lugar de nacimiento (Miqueas 5:2). Gálatas 4:4 nos dice que Él vino «cuando se cumplió el plazo», lo cual significa que Dios dispuso las circunstancias a fin de que naciera precisamente en el momento justo y de la manera adecuada. Los grandes credos de la iglesia usan esta frase para describir su nacimiento: «Concebido del Espíritu Santo y nacido de la virgen María». Aunque a menudo hablamos del «nacimiento virginal», el verdadero milagro tuvo lugar nueve meses antes de Belén, cuando el Espíritu Santo cubrió con su sombra a María y creó dentro de su vientre a la persona humana-divina del Señor Jesucristo. El hecho de que naciera de una virgen significa que tuvo una madre terrenal, pero no un padre terrenal. Ninguna otra persona ha nacido jamás de esta manera.

2. Él fue Dios en carne humana

Los cristianos usamos la palabra «Encarnación» para describir esta verdad. Esto significa que cuando Cristo se concibió en María, Dios el Hijo adquirió carne humana. Aunque era Dios, Él se añadió a la humanidad sin Realizar su Deidad. No era mitad Dios y mitad hombre, sino todo Dios y todo hombre: dos naturalezas unidas en una persona. Fue humano por completo en cada aspecto, pero sin pecado. Juan 1:14 nos dice que «el Verbo se hizo carne, y habitó entre nosotros» (lbla). Hebreos 1:3 dice que Jesús es «el resplandor de la gloria de Dios, la fiel imagen de lo que él es». La primera frase significa que Cristo es el «resplandor» de Dios. Lo mismo que la luz solar para el sol es Cristo para Dios. La segunda frase significa que Jesucristo tiene dentro de sí mismo el sello exacto de la naturaleza divina: como un troquel que se estampa en una pieza de metal. Cuando nació, le llamaron Emanuel, «Dios con nosotros». Jesús era el Hijo de Dios y Dios el Hijo. Por eso es que cuando el apóstol Tomás por fin vio a Cristo resucitado, se postró sobre su rostro y clamó: «¡Señor mío y Dios mío!» (Juan 20:28).

3. Él es la medida de la justicia absoluta

Cuando Jesucristo caminó sobre la tierra, fue justo a la perfección. Esto habla de dos aspectos de su carácter. En cuanto al aspecto negativo, nunca pecó en pensamiento, palabra ni obra. Él es el único «10 Perfecto» que viviera jamás. El resto de nosotros se ha quedado corto en perfección, pero no Jesús. Hebreos 4:15 dice que Jesús fue «tentado en todo de la misma manera que nosotros, aunque sin pecado». No pecó en lo exterior porque nunca pecó en su interior. Fue sin falta y sin mal. Nunca tuvo un mal pensamiento, nunca dijo una palabra maligna, nunca cometió siquiera una mala obra. Nunca engañó, nunca mintió, nunca aplazó una decisión, nunca albergó amargura, nunca perdió la compostura, nunca codició, nunca tomó el camino fácil para salir de una situación difícil, nunca pervirtió la verdad para verse bien, nunca dijo vulgaridades, nunca les dio la espalda a sus amigos, nunca quebrantó ninguna de las leyes de Dios y nunca se apartó lo más mínimo del sendero de la voluntad de su Padre. De todos los miles de millones de personas que han vivido en el planeta Tierra, Él es el único de quien se puede decir en verdad que nunca pecó en palabra, pensamiento ni obra. No hay ningún indicio de contaminación moral que rodee su nombre.

En cuanto al aspecto positivo, esto significa que cumplió a la perfección la ley de Dios. Vivió una vida de santidad perfecta, pureza perfecta, misericordia perfecta, verdad perfecta y bondad perfecta. Tal como el primer Adán pecó y toda la humanidad cayó con él, del mismo modo Cristo a través de su obediencia a Dios ganó la salvación de todos los que le siguen. Triunfó donde fallamos nosotros, y obedeció donde nos rebelamos nosotros. Por medio de su vida perfecta cumplió todo lo que Dios requería de nosotros.

4. Él hizo cosas que solo puede hacer Dios

Jesús afirmó cosas asombrosas y luego las respaldó con obras asombrosas. En reiteradas ocasiones afirmó su igualdad con Dios. «El Padre y yo somos uno» (Juan 10:30). También dijo: «El que me ha visto a mí, ha visto al Padre» (Juan 14:9). Habló con autoridad divina: «Soy el agua viva»; «Soy la luz del mundo»; «Soy el camino, la verdad y la vida». Incluso, afirmó su capacidad de levantarse de la muerte (Juan 5:25) y probarlo al resucitar a Lázaro de los muertos (Juan 11:38-43). Las personas que solo tienen una vaga idea acerca de Jesús tienden a subestimar esta parte de su enseñanza. Les gusta etiquetarlo como un gran maestro de moral, mientras descartan sus afirmaciones (a ellos) más extravagantes. Sin embargo, como señala el británico C.S. Lewis, profesor y escritor cristiano, una persona que habló como lo hizo Jesús, si no fuera quien dijo ser, no sería un buen maestro.

Sería un mentiroso, o un lunático, o el diablo del infierno, o algo peor. Uno no puede recibir a Jesús sin lidiar con sus afirmaciones acerca de su deidad.

Esas afirmaciones las respaldó al demostrar con regularidad su poder sobre las fuerzas de la naturaleza, la enfermedad y la muerte. Incluso, afirmó tener poder para perdonar pecados (Mateo 9:2). Esto fue lo que desde el inicio le causó problemas con los líderes judíos. Estos veían muy bien que Jesús en verdad decía ser Dios, pero llegaron a la conclusión equivocada. Él afirmó perdonar pecados porque en realidad era Dios en carne humana.

5. Él murió como sacrificio por nuestros pecados
La historia de su vida terrenal termina de esta forma. Aunque inocente en cuanto a todo mal, lo crucificaron como a un criminal común y corriente. Poncio Pilato, el gobernador romano, declaró tres veces: «No lo encuentro culpable» (Juan 18:38; 19:4, 6, ntv). La Biblia dice que murió como el justo por los injustos, el inocente por el culpable, el bueno por el malo. Murió como nuestro sustituto, ocupando nuestro lugar, llevando nuestro castigo, cargando con nuestros pecados sobre su propio cuerpo. «Cristo murió por los pecados de una vez por todas, por los injustos, a fin de llevarlos a todos ustedes a Dios» (1 Pedro 3:18). Con su sangre pagó todo el precio de nuestra desobediencia. Al hacerlo Satisfacía por completo las justas demandas de Dios. y le permitió a Dios ser misericordioso con los pecadores que vienen a Él en el nombre de Jesús. A través de su muerte somos libres del castigo, del pecado para siempre.

6. Él probó sus afirmaciones al resucitar de entre los muertos
En muchas conversaciones con sus discípulos, Jesús predijo sin rodeos su muerte y resurrección. En Juan 10:17 declaró: «Yo doy mi vida para tomarla de nuevo» (lbla). Nada de lo que ocurrió fue una sorpresa para Él. Lo supo todo y lo vio todo con mucha ventaja, la noche del viernes santo, sus seguidores bajaron con delicadeza su cuerpo de la cruz. Lo

envolvieron en mortajas y colocaron su cuerpo en una tumba prestada no muy lejos del monte de la Calavera, el lugar en el que murió. El sábado, los romanos, los judíos y los discípulos estuvieron de acuerdo en una cosa: Jesús estaba muerto de verdad. Debido al temor de que alguien profanó la tumba y extrajera su cuerpo, un escuadrón romano hizo guardia en su tumba, la cual se selló y se cubrió con una enorme piedra.

Eso fue el sábado. Temprano el domingo por la mañana, cuando María y las otras mujeres llegaron a la tumba, planeaban ungir su cuerpo muerto. Sin embargo, en su lugar encontraron a los soldados inconscientes sobre el suelo, el sello roto, la piedra removida y a los ángeles guardando la entrada. Los ángeles anunciaron que Jesús había resucitado de los muertos. «¿Por qué buscan ustedes entre los muertos al que vive? No está aquí; ¡ha resucitado!» (Lucas 24:5-6). Las mujeres estaban confundidas y asustadas, y les informaron a los otros discípulos que la tumba estaba vacía. Más tarde ese día, y muchas veces más durante los cuarenta días siguientes, Jesús se les apareció en forma corporal. tanto a sus discípulos como a otras quinientas personas. Luego ascendió al cielo, donde ahora se sienta a la derecha del Padre.

Después de dos mil años, los escépticos jamás han dado una respuesta satisfactoria a esta pregunta: ¿Qué le ocurrió al cuerpo de Jesús? Nadie ha encontrado jamás su cuerpo muerto porque para el domingo de Resurrección ya no estaba muerto. No hay otra respuesta razonable que esta: De forma literal, real y física, Jesucristo se levantó de entre los muertos. Y desde ese día hasta hoy, la iglesia cristiana ha hecho de la Resurrección la piedra angular del mensaje del evangelio.

La resurrección de Jesús es de vital importancia porque prueba que Él es en realidad el Hijo de Dios y que todo lo que dijo es verdad. Nadie más ha resucitado de los muertos para no volver a morir otra vez,. Esto significa que en el sentido más profundo, Jesucristo está vivo hoy en día. Y es por eso que tú puedes conocerlo de manera personal. Debido a que está vivo, él puede dar vida eterna a los que confían en Él. Y debido a que conquistó la muerte, los que confían en Él no deben temerle a la muerte, pues tienen la seguridad de que cuando mueran, irán al cielo para estar con el Señor Jesús. Cuando Él vuelva a la tierra, sus cuerpos se levantarán de entre los muertos. Todo esto está garantizado para todo el creyente porque Cristo resucitó de la muerte.

7. Él volverá un día a la tierra

Con este hecho final, nos movemos del pasado distante hacia el futuro no tan distante. Todavía falta un acontecimiento más en la «carrera» de Jesucristo. Un día volverá a la tierra. Él prometió volver: «Vendré otra vez» (Juan 14:3, lbla), y cumplirá esa promesa. Vendrá tal y como fue se fue de forma visible y corporal, Este mismo Jesús, que ha sido llevado de entre ustedes al cielo, vendrá otra vez de la misma manera que lo han visto irse» (Hechos 1:11). Su venida no es solo espiritual, sino real y literal. Esto es algo asombroso de verdad. El mismo Jesús que nació en Belén, caminó sobre esta tierra, murió en la cruz, resucitó y ascendió al cielo, volverá otra vez. El personaje real e histórico que vivió hace dos mil años al otro lado del mundo, volverá a la tierra una vez más. Aunque nadie sabe el día ni la hora, el hecho de su regreso es seguro.

El Cristo que necesitamos

Ahora vamos a terminar este capítulo con un sencillo pensamiento. Solo el Cristo revelado en las páginas de las Sagradas Escrituras puede salvarnos. Aun así, el Jesús de la Biblia no es el único «Jesús» en el mercado de las ideas. Estar casi en lo cierto respecto a Jesús es estar equivocado por completo. ¿Por qué? Porque no somos salvos por nuestras buenas opiniones acerca de Jesús. No somos salvos porque tenemos un buen sentimiento en cuanto a Jesús. No somos salvos porque nos agrada su enseñanza moral. Somos salvos por confiar en todo lo que logró Jesús a favor nuestro en su vida de obediencia, su muerte sacrificial y su resurrección de entre los muertos.

Un policía de policías

Nunca olvidaré a un policía que conocí cuando viví en California. Había sido policía de policías. Era duro con D mayúscula. Había sido testigo de lo más bajo de la vida y eso lo había dejado agotado y escéptico. Antes de ser policía, sirvió en Vietnam y presenció algunas cosas horribles. Creo que eso le hizo vivir «al filo de la navaja».

Residía en la acera de enfrente de la iglesia que yo pastoreaba y a veces sus hijos asistían a la Escuela Dominical. En algunas ocasiones, él y su esposa asistían al culto. Con el pasar de los meses nos hicimos amigos, más que nada porque contaba las historias más increíbles que escuchara en mi vida. Era lo que podría denominarse un «buscador». Durante mucho tiempo, me acosó con una pregunta tras otra acerca de la Biblia y de Jesucristo, no de forma hostil ni negativa, sino buscando la verdad con sinceridad. Quería saber si podía confiar en la Biblia y si Jesús fue quien afirmó ser en realidad.

Un día fuimos a comer a un lugar pequeño y casi desconocido donde hacían los mejores tacos de la ciudad. «Déjame contarte lo que me ocurrió», me dijo. Y procedió a relatarme que, luego de investigar con cuidado los hechos, acababa de confiar en Jesucristo como su Señor y Salvador. «Mientras leía la Biblia, de repente me quedó claro: "¡Esta cosa es verdad!"», declaró. Jamás olvidaré su descripción de lo que le sucedió: «Sentí como si me hubieran quitado una tonelada de mis hombros».

Eso es lo que significa encontrarse con el verdadero Cristo de la Biblia. Te quitan el peso del pecado de tus hombros. La culpa desaparece porque te perdonan tus pecados.

Si Jesús es el que dijo ser, no hay verdad más digna de tu tiempo, ni persona más importante para conocer. La iglesia cristiana está formada por hombres y mujeres que confiesan una verdad revolucionaria: Jesús de Nazaret es el Hijo del Dios viviente.

Y hasta que no creas y confieses eso, no puedes llamarte cristiano. No importa que quizá tengas sentimientos positivos acerca de Jesucristo ni que pienses que Él fue un buen hombre. No eres cristiano hasta que confieses que Jesús es el Salvador enviado del cielo y que es el Hijo del Dios Viviente.

Terminemos este capítulo donde comenzamos, con una pregunta de suma importancia. ¿Quién es Jesucristo? ¿Un buen hombre? ¿Un gran maestro? ¿Una de las personas más finas que caminara jamás sobre la faz de la tierra? ¿O es el Hijo del Dios Viviente que vino para ser nuestro Salvador?

¿Quién es Jesucristo? Piensa por un momento cómo responderías. Tu respuesta determina tu destino eterno.

Si Jesús es el que dijo ser, no hay verdad más digna de tu tiempo, ni persona más importante para conocer.

Profundicemos

¿De qué manera es Jesús diferente de cualquier otro líder religioso de la historia? ¿Qué evidencia respalda las afirmaciones asombrosas que hizo de sí mismo?

_____

_____

_____

_____

¿Cuál es el principal obstáculo que le impide a la gente creer que Jesús fue Dios en carne humana? Si tú en lo personal no crees o no estás seguro de que Jesús fue y es de veras Dios, ¿cómo explicas lo que Él dijo e hizo?

_____

_____

_____

_____

¿Cuáles son las implicaciones para toda la humanidad si Jesús es Dios en realidad?

_____

_____

_____

_____

_____

Si Jesús es quien dijo ser, ¿cuáles son las implicaciones por rechazar esa verdad (Juan 8:24)?

_____

_____

_____

_____

_____

¿Qué afirmaciones hizo Jesús acerca de sí mismo?

_____

_____

_____

_____

_____

Yo soy el _____ de vida (Juan 6:48).

Yo soy la _____ del mundo (Juan 8:12).

Yo soy de _____ (Juan 8:23).

Yo soy el buen _____ (Juan 10:11).

Yo soy la _____ y la _____ (Juan 11:25).

Yo soy el _____, la _____ y
la _____ (Juan 14:6).

5

TODO SE IIA
cumplido

VIERNES POR LA MAÑANA en Jerusalén. Otro caluroso día de abril. La muerte está en el aire. El rumor se ha esparcido por cada rincón de la ciudad. Los romanos planean crucificar a alguien hoy.

Una multitud se reúne en el extremo norte de la ciudad. Justo frente a la puerta de Damasco hay un sitio llamado lugar de la Calavera. A los romanos les gusta porque está junto a un camino principal. De esa forma, mucha gente puede observar las crucifixiones que se llevan a cabo allí. En este día se han reunido más personas de lo habitual. Provienen de la morbosa fascinación humana con lo extraño. El mismo horror de la crucifixión atrae a la gente al lugar de la Calavera.

Este parece un día como cualquier otro, pero no es así. Crucificaron a un hombre llamado Jesús. La noticia se esparce como un incendio sin control. Su reputación le precede. Nadie es neutral. Algunos creen en Él, muchos dudan y unos cuantos lo detestan.

Tres horas de oscuridad

La crucifixión comienza a las nueve en punto. Los romanos son puntuales para cosas como esa. Al principio, la multitud es pendenciera, ruidosa, estridente, bulliciosa, como si esto fuera alguna clase de evento atlético. Vitorean, ríen, gritan, apuestan acerca del tiempo que resistirán los hombres crucificados. Al parecer, el hombre en la cruz del centro no resistirá mucho. Ya lo golpearon con mucha severidad. Es más, parece que cuatro o cinco soldados se turnaron para hacerlo. La piel de su espalda cuelga en pedazos, su cara está magullada e hinchada, sus ojos están casi cerrados. Una docena de sus heridas abiertas gotean sangre. Es un espectáculo horrible de contemplar.

Se escuchan voces, gritos, desde las cruces, por el fuerte viento del estruendo. Los susurros se escuchan flotando en el aire. Algo que parece como Padre, perdónalos, algo como. (Si eres el Hijo de Dios.) y después la promesa para el paraíso. Al final, Jesús ve a su madre y le habla.

Entonces sucede. Al mediodía, «quedó toda la tierra en oscuridad». Esto ocurre de manera tan repentina que asusta a todos. En un momento, el sol está justo encima; y un momento después, desaparece. Esto no es un eclipse, ni tampoco es una nube oscura. Es la mismísima densa oscuridad, como manchada de tinta negra cae como una señal sobre la tierra. Es una oscuridad sin dar señales de que vendrá alguna ayuda rapido. Es una negrura escalofriante que coagula la sangre y congela la piel.

Nadie se mueve, ni habla Por primera vez, hasta los blasfemos soldados dejan de proferir obscenidades. Ningún sonido rompe el oscuro silencio sobre el lugar de la Calavera. Sucede algo siniestro. Es como si una fuerza maligna se hubiera apoderado de la tierra y de alguna manera exhalara esa oscuridad. Casi se puede tocar y sentir el mal en todas partes. Desde algún sitio en lo profundo de la tierra hay un sonido semejante a una oscura risa subterránea. Es la risa del infierno.

La oscuridad se prolonga durante tres largas horas: A las doce y media, todavía está oscuro. a la una y quince, todavía está oscuro. a las dos y cinco, todavía está oscuro. a las dos y cincuenta y cinco, todavía está oscuro.

Son las tres de la tarde. Y de manera tan repentina como descendió la oscuridad, desaparece. Ahora se oyen voces y gritos. Se frotan los ojos para acostumbrarse de nuevo ver la luz del sol. Hay pánico en muchos rostros y confusión en otros tantos. Un hombre se inclina hacia su amigo y grita: «Por Dios, ¿qué está pasando aquí?».

Herido de muerte

Todos los ojos se enfocan en la cruz central. Está claro que se acerca el final. Jesús está a punto de morir. Lo que sucedió durante esas tres horas de oscuridad le llevó a las puertas de la muerte. Su fuerza casi ha desaparecido, la lucha casi termina. Su pecho suspira profundamente.sus gemidos ahora son solo susurros. Por instinto, la multitud se empuja para observar sus últimos momentos más de cerca.

Un vistazo a la cruz del centro deja en claro que este hombre Jesús no resistirá por mucho tiempo. Ya su aspecto es el de un muerto. Los soldados saben, por sus años de experiencia, que no resistirán hasta el atardecer.

Entonces sucede. Él grita algo: «Dios mío, Dios mío, ¿por qué me has desamparado?». Alguien en la multitud le grita. Los momentos pasan, la muerte se acerca, luego un ronco susurro. «Tengo sed». Los soldados ponen un poco de vinagre en una esponja, la cual levantan hasta sus labios en una vara de hisopo. Él humedece sus labios y respira profundo. Si pones atención, puedes escuchar la muerte que vibra en su garganta. Le queda menos de un minuto de vida.

Entonces habla de nuevo. Es un clamor. Una sola palabra. Si no estás atento, la pasas por alto en medio de toda la confusión. Deja salir otra frase. Luego, muere.

¿Qué gritó? «Todo se ha cumplido» (Juan 19:30).

En el idioma original del Nuevo Testamento, esa frase proviene de una palabra que significa «llevar a su fin, completar, cumplir». Es una palabra crucial porque expresa el fin exitoso de un curso de acción en particular. Es la palabra que tú usarías al alcanzar la cima del monte Everest. Es la palabra que usarías cuando entregas la última página de tu examen final. Es la palabra que usarías al hacer el pago final de tu auto nuevo. Es la palabra que usarías al cruzar la línea final de tu primera carrera de diez kilómetros. La palabra significa más que solo «sobreviví». Significa: «Hice justo lo que me propuse hacer».

«Todo se ha cumplido» fue el grito final de victoria del Salvador. Cuando murió, no dejó asuntos pendientes. Cuando dijo: «Todo se ha cumplido», dijo la verdad.

Pagado en su totalidad

En el idioma griego, la frase «Todo se ha cumplido» significa «Pagado en su totalidad». Una vez que algo se paga, jamás tienes que pagarlo otra vez. Ese punto cobró total dimensión para mí hace varios años cuando visitamos a algunos amigos de la región occidental de Colorado. Cuando llamé a mi amigo. Para informarle que pasaremos por su ciudad. y me gustaría saludarlos. su respuesta fue que le agradaría mucho hospedarnos. Pensé que dormiriamos en el sofá por esa noche, lo cual estaba bien para nosotros, pero cuando lo llamé desde el sur de Utah para que supiera que llegaríamos en tres o cuatro horas, me dijo que tenía una habitación para nosotros en el hotel local: el *Back Narrows Inn*. Pensé que bromeaba. Sin embargo, hablaba en serio. Nuestra casa no es muy grande, así que los alojaremos en el hotel». (Se habían mudado unos años antes). Cuando protesté, me dijo: «No te preocupes. Ya lo arreglé con el propietario y pagué toda la cuenta». Eso fue todo. Nos quedamos en el hotel que él pagó. Y nada que dijera yo podría hacer la más mínima diferencia.

Llegamos al *Back Narrows Inn* alrededor de las diez de la noche y nos encontramos con un pequeño edificio de principios de siglo que se convirtió en un hotel de quince o veinte habitaciones. Cuando llegamos el propietario nos saludó, nos entregó nuestras llaves y dijo: «Su amigo se encargó de todo». Y así fue. Ni siquiera tuvimos que registrar nuestra entrada de manera formal. Nada de tarjetas de crédito, ningún formulario que rellenar, nada de: «¿Cómo va a pagar la cuenta, señor?». No fue necesario porque mi amigo pagó en persona el precio en su totalidad.

Todo lo que tuvimos que hacer fue disfrutar nuestras habitaciones sin costo, gracias a la hospitalidad de un amigo. No podía pagarlo dos veces porque mi amigo ya lo había pagado una vez. Intentar pagarlo hubiera sido un insulto para mi amigo y habría puesto en duda que había pagado algo en realidad.

Por qué Jesús tuvo que morir

Hace varios años un presentador de un programa de entrevistas enumeró las diversas razones por las que se había desilusionado con el cristianismo. Entre ellas estaba esta: «¿Cómo podría un Dios que todo lo sabe y que es todo amor permitir que asesinaran a su Hijo en una cruz para redimir mis pecados?». Esa es una excelente pregunta porque va al corazón mismo del evangelio.

Muchas personas escuchan el evangelio y se preguntan por qué tuvo que morir Jesús. ¿Cómo podría un Dios que todo lo sabe y que es todo amor permitir que a su Hijo lo mataran en una cruz para redimir a unos pecadores culpables? Al buscar la respuesta, me es de ayuda pensar en otra pregunta: Si Dios es todopoderoso y es capaz de ofrecer gracia infinita, ¿por qué no le ofrece el perdón a todo el que le diga: «Lo siento»? En secreto, muchas personas piensan que eso es lo que Dios debió haber hecho. De esa manera, no tendríamos que lidiar con la «vergüenza» de que Dios someta a su propio Hijo a la muerte.

La solución al dilema es más o menos así. Desde el punto de vista humano, Dios tuvo un problema. Ya que Dios es santo, no puede permitir que no se castigue el pecado. Su justicia demanda el castigo de cada pecado, sin importar lo pequeño que nos parezca. Si Él perdonará el pecado sin un castigo adecuado, dejaría de ser santo y justo. Dios ya no sería Dios porque negaría su propio carácter. Eso no podría ocurrir. Todas las ofensas en contra de Dios se deben castigar. Es por eso que los pecadores no pueden decir: «Lo siento», y recibir el perdón al instante. Alguien tiene que pagar el precio.

A menudo vemos este principio en acción en la familia. Debido a la falta de cuidado, o quizá por desobedecer a sabiendas, un niño de cinco años de edad rompió una costosa lámpara de la sala. Al darse cuenta de lo que hizo, les pide perdón a su padre y a su madre, prometiendo no volverlo a hacer. Los padres perdonan a su hijo, pero la lámpara sigue rota. Alguien tiene que pagar la lámpara.

Seguimos este mismo principio en nuestro sistema legal de justicia. Supongamos que encuentran culpable a un hombre de robarle setecientos mil dólares a su empleador. Justo antes de la sentencia, se para delante del juez, confesó su crimen, suplica misericordia y promete que nunca va a robar dinero de nuevo. ¿Cómo reaccionarías si el juez aceptara sus disculpas y lo liberara sin recibir castigo alguno? Supongamos que el hombre es culpable de violación y luego lo liberaran sin recibir castigo solo porque pidió perdón. ¿Y qué si se disculpara por asesinar a un padre y una madre delante de sus hijos y el juez lo libera? Supongamos que un terrorista se infiltró en una instalación militar y abrió fuego, matando docenas de soldados en el proceso. Y supongamos que en su juicio él reconoce su crimen y se disculpa. ¿Qué haríamos si el juez lo libera con la promesa de nunca hacerlo de nuevo? Encerraríamos al juez en la cárcel y tomaríamos la llave.

Incluso en esta vida se debe pagar un precio por quebrantar la ley. Lo mismo es verdad en el campo espiritual. «La paga del pecado es muerte» (Romanos 6:23). Cuando no se castiga el pecado, no parece muy pecaminoso. El «problema» de Dios era idear un plan de salvación por el cual Él permanece santo, justo, y aun así, proporcionar un camino de perdón para los pecadores culpables. En algún lugar, de alguna forma, tenía que existir un punto en el que la gracia y la ira se pudieran encontrar. Ese lugar es la cruz de Cristo.

Volvamos por un momento a ese presentador del programa de entrevistas. Hizo una segunda pregunta que merece una respuesta: «Si Dios el Padre es tan "amoroso", ¿por qué no baja y viene al Calvario?». La respuesta es: ¡lo hizo! Dios vino a esta tierra en la persona de su Hijo, el Señor Jesucristo, y murió por nuestros pecados.

Dios es un Dios de amor y, por tanto, quiere perdonar a los pecadores. Sin embargo, también es un Dios de santidad que no debe pasar por alto el pecado ni puede hacerlo. ¿Cómo es que Dios puede amar a los pecadores y al mismo tiempo no tener en cuenta su pecado? Nadie pudo haber soñado siquiera con su respuesta. Dios envió a su propio Hijo a morir por los pecadores. «Dios demuestra su amor por nosotros en esto: en que cuando todavía éramos pecadores, Cristo murió por nosotros» (Romanos 5:8). De esa forma, el justo castigo por el pecado se pagó por completo con la muerte de Cristo, y los pecadores que confían en Cristo pueden recibir el perdón de manera gratuita. Solo Dios pudo haber hecho algo así.

Piénsalo. Con la muerte de este único hombre, el precio del pecado se pagó por completo: pasado, presente y futuro. Como resultado, los que creen en Jesús ven que sus pecados desaparecen para siempre.

Estas son buenas nuevas de verdad: La santidad de Dios demanda castigo por el pecado. La gracia de Dios provee el sacrificio. Lo que Dios demanda, lo suple. Por lo tanto, la salvación es una obra de Dios de principio a fin. Dios la concibe, la provee y la aplica.

Nombra tu pecado

Así que déjame hacerte una pregunta personal. ¿Qué pecado te aleja de Dios en este momento? ¿Es la ira? ¿Es la codicia? ¿Es un corazón duro e incrédulo? ¿Es el abuso del alcohol? ¿Es un temperamento incontrolable? ¿Es un juego? un robo? ¿Es el adulterio? el aborto? ¿ el orgullo? ¿ la ambición?

Te contaré las mejores noticias que hayas escuchado en mi vida. No importa cuál sea«tu» pecado. No importa cuántos pecados hayas acumulado en tu vida. No importa qué tan culpable pienses que eres. No importa qué es lo que hiciste esta semana. No importa qué tan malo has sido. No importa cuántos secretos de familia tengas ocultos.

Cuando vienes a Cristo, descubres que todos tus pecados se sellaron con la siguiente frase: Pagado en su totalidad.

Ira...	Pagado en su totalidad
Ambición sin control...	Pagado en su totalidad
Chisme...	Pagado en su totalidad
Borrachera...	Pagado en su totalidad
Fornicación...	Pagado en su totalidad
Robo...	Pagado en su totalidad
Mentira...	Pagado en su totalidad
Desobediencia...	Pagado en su totalidad
Pereza...	Pagado en su totalidad
Orgullo...	Pagado en su totalidad
Asesinato...	Pagado en su totalidad
Soborno...	Pagado en su totalidad

Estos son solo algunos ejemplos. Rellena los espacios en blanco con cualquier pecado que plague tu vida. A través de la sangre de Jesucristo, el precio de «tus» pecados se pagó en su totalidad.

Dos sencillas afirmaciones

Te resumiré lo que esto significa en dos sencillas afirmaciones:

En primer lugar, puesto que Jesucristo pagó en su totalidad, la obra de la salvación está ahora completa. Eso es lo que significa la afirmación de Jesús: «Todo se ha cumplido». Se pagó la deuda, se terminó la obra, se completó el sacrificio. Esto significa que cuando murió Jesús, Él murió de una vez por todas. El sacrificio fue suficiente para pagar por los pecados de cada persona que haya vivido: pasado, presente o futuro. Hebreos 7:25 dice que Jesús «puede salvar por completo a los que por medio de él se acercan a Dios». Las palabras «por completo» tienen la idea de «por entero» y «para siempre». Esto significa que Jesucristo cumplió la obra de salvación en su totalidad.

Y eso explica lo que los cristianos quieren decir cuando hablan de la «obra terminada» de Jesucristo. Eso no es solo un lema; es una profunda verdad espiritual. Lo que Jesús logró con su muerte fue tan asombroso, tan total, tan completo que no se puede repetir jamás. Ni siquiera por el mismo Jesús. Su obra está «terminada». No hay nada más que Dios pudiera haber hecho para salvar al género humano. No hay plan B. El plan A (la muerte de Cristo) fue lo suficientemente bueno.

En segundo lugar, puesto que Jesucristo pagó en su totalidad, todos los esfuerzos por añadir algo a lo que Cristo hizo en la cruz están destinados al fracaso. Te lo diré de manera muy sencilla. Si Jesús lo pagó todo, tú no tienes que pagar nada. Si intentas pagar por tu salvación, esto quiere decir que no crees que Él lo pagó todo. No hay punto medio entre esas dos propuestas. Es por eso que ir a la iglesia, cumplir los Diez Mandamientos, aumentar tu educación, hacer buenas obras, darles dinero a los pobres, bautizarte, mejorar tu vida, reformarte, ser una persona agradable, ocuparte mucho de tu matrimonio, criar hijos modelos y tratar de esforzarte al máximo pueden ser una trampa. Esas cosas, por muy buenas que sean, no pueden añadir nada al valor de lo que Jesús logró con su muerte en la cruz. No te ayudarán a dar un pequeño paso siquiera en dirección hacia Dios. Al final, o bien es todo por Jesús o no es todo por Jesús en lo absoluto.

Dios no está tratando de venderte la salvación. No está ofreciendo la salvación a mitad de precio. No está ofreciendo la salvación a plazos. No está ofreciéndote la salvación donde Él paga una parte del precio y tú pagas el resto. Dios te está ofreciendo la salvación de forma gratuita. Jesús pagó en su totalidad, así que tú no tienes que pagar nada. Jesús no dejó asuntos pendientes atrás. Terminó lo que vino a hacer. Si confías en Él, descubrirás que con la culminación de su obra, Él pagó en su totalidad el precio por tu pecado.

Lo que Jesús logró con su muerte fue tan asombroso, tan total, tan completo que no se puede repetir jamás, ni siquiera por el mismo Jesús.

Profundice

Lee Romanos 5:7. ¿Por cuántas personas morirías ahora mismo sin hacer preguntas? Romanos 5:8 dice que cuando todavía éramos _____, Cristo murió por nosotros.

Según Hebreos 9:22, ¿qué se exige para el perdón de pecados?

_____

_____

_____

Incluso nuestras buenas obras, ¿cómo son a los ojos de Dios? (Isaías 64:6)

_____

_____

_____

¿Qué hace la sangre de Jesucristo por nosotros? (1 Juan 1:7)

_____

_____

_____

_____

6

EL GRAN intercambio

¿CÓMO ESTÁ TU CRÉDITO con Dios? Si Dios es el Gran Acreedor, ¿estás «en números rojos» o en «números negros» en lo que concierne a Él?

Esa pregunta vino a mi mente un día mientras abría mi correo en casa. Al Abrir los sobres en dos grupos, tal parecía que todo lo que recibimos ese día eran sólo papeles para solicitar tarjetas de crédito; algunas de ellas eran bastante tentadoras; porque el interés era demasiado bajo y la posibilidad de obtener mercancías casi [gratis] grandes descuentos, especiales. en ciertos artículos que quizá no compraría jamás a ningún precio.

Llevemos el concepto del crédito al campo espiritual. ¿Cuánto crédito tienes con Dios? La Biblia ofrece una sorprendente respuesta a esa pregunta. Todos nacimos en una condición de humildad, espiritual. nos pasamos la vida girando. una cuenta que ya no tiene casi nada de fondos bancarios, Sin embargo, debido a lo que Cristo logró en la cruz, Dios permite que los pecadores en bancarrota, no son dignos de crédito, toman (prestado.) todo lo que necesitan basados en el crédito ilimitado que su Hijo tiene en el cielo. Entonces, ¡Dios pagó la deuda de una vez para siempre! Romanos 4 nos dice cómo podemos salir de la deuda espiritual de nuestra vida y terminar, en el libro de contabilidad sin ninguna deuda.

La esencia del evangelio

Al fin en este capítulo hemos llegado al corazón de las buenas nuevas. Ya vimos que cuando murió Jesús, Él pagó por la totalidad de nuestros pecados. ¿Cómo eso se aplica a ti y a mí? La respuesta es que Dios justifica a la gente malvada que pone su confianza en Él. Romanos 4:5 lo dice de esta manera: «Sin embargo, al que no trabaja, sino que cree en el que justifica al malvado, se le toma en cuenta la fe como justicia». Aquí aprendemos que Dios justifica (declara justos) a la gente malvada que confía en Él. Acredita su cuenta en el cielo con la justicia de Jesucristo. Por lo tanto, el culpable queda absuelto debido a lo que Jesucristo hizo cuando murió en la cruz y resucitó de entre los muertos.

Por qué el trabajo no dará resultados

Iniciamos con una afirmación asombrosa. Cuando Dios absuelve al culpable, primero encuentra a una persona que no trabaja por su absolución. Romanos 4:5 dice que Dios justifica a la persona «que no trabaja». Dios busca personas que no quieren trabajar por lo que reciben. Mirándolo de frente, esa es una increíble declaración. A casi todos nosotros nos criaron en la creencia de que nada en esta vida es gratuito de verdad. Se obtiene por lo que se trabaja. Trabaja duro y te recompensará al final del día. Si no trabajas, no progresas. Aunque esto sea verdad en la vida cotidiana, no lo es con respecto a la salvación eterna. Para que Dios te salve, debes dejar de trabajar por eso.

Muchas personas (la mayoría en realidad) siguen este lema: «Nosotros obtenemos la salvación a la antigua. Nos la ganamos». Sin embargo, la salvación de Dios no es un kit de hágalo usted mismo. Si quieres ir al cielo, el primer paso es dejar de tratar de ganarte tu entrada allí. Debes «dejar de trabajar» y «empezar a confiar» si es que quieres ser salvo. Escríbelo en letras grandes. Cuando se trata de salvar tu alma, ¡EL TRABAJO NO DA RESULTADO!

Lo que Dios quiere de nosotros

Si Dios no quiere nuestras obras, ¿qué quiere de nosotros? Quiere que confiemos en Él. Eso es todo. Nada más, nada menos, ninguna otra cosa. En el Nuevo Testamento, los términos de fe, confianza, y creer. vienen de una misma raíz general qué significa «apoyarse por completo sobre», como cuando estás encima de la cama, descansando todo tu peso está sobre ella. Debemos confiar en Dios de forma tan completa que le tomamos la palabra en lo relacionado a nuestra salvación. Por eso Romanos 4:5 dice que Dios justifica a la persona que no trabaja, sino que cree en Él.

Debe hacerse una distinción crucial. Decir que debemos creer en Dios no significa que nuestra fe es algo que hacemos por nuestra cuenta. La fe no es un trabajo que «amerita» la salvación. La fe es la *condición,* no la *base* de la salvación. La fe no puede salvarnos a menos que nuestra fe se base en la persona y la obra del Señor Jesucristo, quien murió por nuestros pecados.

¿Qué es la fe? La fe es la ventana abierta que permite la entrada de la luz solar. ¿De dónde vino la luz? Del sol, no de la ventana. La ventana solo permite su entrada. Por la fe abrimos las ventanas de nuestros corazones, a fin de permitir que la luz del evangelio brille sobre nosotros. La fe mira a la cruz y dice: «Jesucristo murió por mí». La fe clama a Dios: «Ten piedad de mí, pecador, por causa de Jesús». Y Dios siempre escucha esa oración.

«¡Inocente!»

La palabra «justificar» significa declarar «justo». Es un término legal que se refiere al veredicto final mediante el cual un juez declara que una persona acusada «no es culpable» y es «inocente» de todos los cargos. Aplicado al campo espiritual, significa que Dios declara justo al pecador creyente basado en la muerte y resurrección de Jesucristo. Debido a que Cristo pagó el castigo por el pecador, ahora el pecador es justo a los ojos del Señor. Aunque el pecador es culpable en realidad, a través de la fe recibe el beneficio de la muerte de Cristo obrando a su favor. Jesús pagó el castigo, y el pecador sale libre. Si tú estás justificado, eso significa que junto a tu nombre en el libro de registro no existen marcas en tu contra. Eso significa que te retiraron los cargos. No hay culpabilidad, no hay castigo, no hay condenación.

He aquí cuatro palabras que describen la justificación: Esta es A) Completa: cubre todo lo que hemos hecho. Con Dios, no hay «perdón a medias», B) Divina: porque viene de Dios, C) Irreversible: porque es divina, y D) Gratuita: recibida por gracia a través de la fe.

Romanos 4:5 dice que Dios justifica al malvado. Esto es difícil de aceptar para muchas personas. Muchos creen que Dios quiere personas buenas en el cielo, de manera que se pasan la vida tratando de ser lo bastante buenos para ir allí cuando mueran. están equivocados.porque Nadie puede jamás ser lo bastante bueno para ir al cielo. Muchos de nosotros estamos confundidos en este punto. Pensamos que Dios dice: «Limpia tus acciones y te salvaré después». O pensamos que Dios dice: «Limpiaré tus acciones y luego te salvaré». Dios nunca dijo nada semejante. Dice algo distinto por completo: «Te salvaré mientras todavía estás sucio y luego te ayudaré a limpiar tus acciones». Subrayado. Dios salva al impío mientras todavía es impío. Ese es el milagro de la justificación. Y cuando vas a Cristo, todavía en impureza y suciedad, no solo te salva, sino que Él inicia un proceso de limpieza que te cambia desde adentro hacia afuera. Con todo, Él te salva primero; luego te limpia.

Muchas personas no van a Cristo porque sienten que no son lo bastante buenas. Sienten como si estuvieran perdidas en el pecado sexual, pérdidas en la adicción al alcohol y las drogas, atrapadas en la ira o la amargura, encadenadas para siempre a un estilo de vida terrible, y destructivo. Sin embargo, Dios no se dedica a justificar a los buenos. Se dedica a justificar a los malos. No justifica lo justo mientras todavía es malvado. Un médico no sana al saludable. Sana al enfermo (Lucas 5:31-32).

El veredicto acaba de llegar desde el cielo, y la mala noticia es: tú eres culpable. Las buenas nuevas son: Cristo es justo por completo. Si aceptas esos dos fallos del tribunal del cielo, ocurrirá un asombroso milagro. Cristo cargará con tu culpa y la intercambiará por su justicia.

Aquí es donde la gloria del evangelio se ve con claridad. Nos provee de lo que jamás podríamos proveer para nosotros mismos. Con nuestros propios méritos, todos estamos condenados ante el Todopoderoso. ¿Quién se atrevería a decir: «Soy lo bastante bueno para ir al cielo»? Como dijera alguien: «Una conciencia limpia es el resultado de una mala memoria». Las únicas personas que piensan que son lo bastante buenas para ir al cielo; que no saben lo malo que son en realidad. La justicia es lo que necesitamos, pero que no poseemos. Por lo tanto, Dios, sabiendo que jamás podríamos ser justos por nuestros propios medios, nos proveyó una justicia que baja a nosotros desde el cielo. No se gana ni se merece, sino que Dios nos la da como un regalo.

Hacer contra lo hecho

En esto vemos la sencillez del cristianismo en comparación con las religiones del mundo. La religión se escribe con cinco letras: H-A-C-E-R. La religión es una lista de cosas que las personas piensan que tienen que hacer a fin de que Dios las acepte: ir a la iglesia, dar dinero, guardar los Diez Mandamientos, bautizarse, orar todos los días y hacer buenas obras. La lista es interminable. Siempre se trata de hacer... hacer... hacer. Si quieres ir al cielo, tienes que hacer algo y seguir haciéndolo hasta el día de tu muerte.

El cristianismo se escribe con cinco letras: H-E-C-H-O. El cristianismo no se basa en lo que hacemos, sino en lo que ya ha hecho Jesucristo. Si quieres ir al cielo, no tienes que hacer nada; solo tienes que confiar en lo que Jesucristo ya ha hecho por ti.

Esa es toda la diferencia: Hacer contra Hecho. O bien lo haces por ti mismo o crees que Jesucristo ya lo hizo en tu lugar.

Un relato sobre tres calcetines

Quizá una ilustración ayude. Comencemos con tres calcetines: uno azul, uno rojo y uno blanco. El calcetín azul representa tu pecado, el calcetín rojo representa la sangre de Cristo y el calcetín blanco representa la justicia de Cristo. Toma el calcetín azul y ponlo sobre tu mano derecha. Eso representa tu pecado. Te cubre de manera tan completa que eres un pecador de pies a cabeza. Si intentas acercarte a la presencia de Dios con tu pecado expuesto, te juzgarán y te enviarán al infierno. Ahora ponte el calcetín rojo sobre el azul de manera que cubra por completo el azul (pecado). Eso representa la sangre de Cristo cubriendo tu pecado. Luego, pon el calcetín blanco sobre el rojo, que es como te ve Dios en Cristo. El blanco cubre el rojo que cubre el azul. Una vez que tus pecados se cubren con la sangre, Dios te acredita con la justicia de su Hijo, el Señor Jesucristo. Ese es el milagro del evangelio.

El intercambio de calificaciones con Jesús

Sin embargo, eso es solo parte de la historia. Supongamos, además, que obtuve una copia de tu informe «oficial» de calificaciones. No, no se trata de tus calificaciones en el instituto. Estoy pensando en algo más serio que eso. De alguna manera conseguí una copia de tu «registro permanente» en la «Oficina del Director» en el cielo. Lo lamentable es que las noticias no son buenas. Tu calificación en cada curso es la misma:

Buscar a Dios: Desaprobado
Hacer el bien: Desaprobado
Obedecer a Dios: Desaprobado
Cumplir la ley: Desaprobado
Ser perfecto: Desaprobado

No es un cuadro bonito. ¿Te gustaría si cambiáramos tus calificaciones? Tengo buenas noticias que contarte. El mejor alumno de la clase está dispuesto a intercambiar contigo las calificaciones. Su nombre es Jesucristo, y Él aprobó cada asignatura con el máximo: «A». He aquí la calificación final de Dios para ti:

Cuadro de Honor de Dios: «A»

La lección es sencilla. Si Dios te diera un boletín de calificaciones de tu vida sin Jesucristo, estaría cubierto con marcas negras por todos los pecados que has cometido. Sin duda, Dios les da a ti y a todo el género humano la calificación de «desaprobado». Te desaprobaron en cada examen. Entonces, cuando vas a Jesús, se limpia tu desaprobado y desparecen tus pecados para siempre.

¿Qué calificación te daría Dios? Recibirías la calificación que Cristo ganó debido a que Él completó su curso como el mejor alumno de la clase. Tú no te quejas con Dios. Llegaste al cuadro de honor. Eres el mejor de la clase. ¿Por qué? ¿Porque eres muy bueno? No. Si te dejan por tu cuenta, seguirías desaprobando cada curso. Si confías en Jesucristo, recibes una «A» porque estás unido a Él.

La misma justicia que alguna vez exigió que desaprobaron, ahora exige que te den la máxima calificación. Tú no estás justificado a medias ni condenado a medias. No estás perdonado en parte ni castigado en parte. Estás perdonado por completo. Te limpiaron tu registro. Te declararon justo ante los ojos de Dios. De eso se trata la justificación.

El multimillonario de Nueva York

Vamos a poner ambos lados de la verdad junto con una última ilustración. Comencemos suponiendo que de alguna manera le debes al banco un millón de dólares. Prometes pagar tu deuda a un plazo de diez dólares a la semana. Cierto día llegas al banco, listo para hacer tu pago de diez dólares. Cuando entregas el billete de diez dólares, el cajero revisa tu cuenta y te dice, De acuerdo con nuestros registros, no nos debe nada.

En realidad, alguien pagó su deuda y depositó un millón de dólares en su cuenta».

Por un momento no dices nada, quedas impactado por tu repentina fortuna. ¿Quién pudo haber hecho algo así? ¿Quién podría tener el dinero para pagar el millón de dólares que debías además de poner un millón de dólares extra en tu cuenta? La respuesta llega con un hombre que sale de las sombras. Por algunos artículos que leíste, lo reconoces como el multimillonario de Nueva York.

—Yo pagué tu deuda —te dice—, y después decidí darte un poco de dinero para gastos.

—Señor, no tenía que hacer eso. Trataré de pagarle algún día —respondes.

—No te preocupes —es la respuesta que recibes—. Soy multimillonario más de diez veces. Tengo tanto dinero que no sé cómo gastarlo todo. Ni siquiera pienses en devolverlo. Es un regalo.

¿Podría ocurrir algo así? Sí... al menos en mis sueños. En realidad, el multimillonario de Nueva York tiene dinero suficiente para hacer eso. Es más, tiene suficiente dinero para hacer eso por quizá cinco mil personas distintas. Sin embargo, a la larga, se le puede acabar el dinero.

No es así con Jesucristo. El multimillonario de Nueva York es un pordiosero en comparación con Jesús, Puede perdonar todos tus pecados y darte su justicia perfecta. Y puede hacer lo mismo por cada persona en el mundo que va a Él por fe, pues su justicia es infinita y su sangre nunca pierde su poder.

Podemos ver toda la verdad en este versículo: «Al que no cometió pecado alguno, por nosotros Dios lo trató como pecador, para que en él recibiéramos la justicia de Dios» (2 Corintios 5:21). Cuando Jesús murió en la cruz, Dios trató a su Hijo como si fuera un pecador. Jesús se identificó tanto con los pecadores que lo contaron entre los transgresores (Isaías 53:12). Él no solo murió entre dos pecadores, murió como morían ellos: una muerte de criminal en la cruz. Como resultado, cuando confiamos en Cristo, nuestro pecado se le acredita a la cuenta de Cristo y su justicia se acredita a nuestra cuenta. Él toma nuestra deuda y nosotros recibimos su crédito. Este es el Gran Intercambio:

- Él fue condenado para que nosotros fuéramos justificados.
- Él llevó nuestros pecados para que pudiéramos ser libres.
- Él murió para que pudiéramos vivir.
- Él sufrió para que pudiéramos ser redimidos.
- Él fue hecho pecado para que pudiéramos ser hechos justos.

Dios te tiene una sencilla proposición. Si admites que eres pecador, te ofrece declararte justo. Todo lo que tienes que hacer es aferrarte a Jesús. Confía en Él y se te perdonarán tus pecados, te limpiarán tu registro en el cielo y te declararán justo a los ojos de Dios.

¿Alguna vez has creído lo que Dios dijo acerca de su Hijo, el Señor Jesucristo?

- Él es el Salvador del mundo y el único camino a Dios.
- Él vino del cielo por ti.
- Él murió en la cruz, pagando el precio por tus pecados.
- Él resucitó de la muerte al tercer día.
- Él está dispuesto a perdonarte.
- Él quiere darte su perfecta justicia.

¿Alguna vez has dicho: «Sí, Señor, creo que todas esas cosas son verdad»? Cuando llegues al cielo, descubrirás que Dios es tan bueno como su Palabra. Al fin y al cabo, tu fe en Jesucristo, no tus obras, es lo que Dios toma en cuenta como justicia.

Dios te está ofreciendo la salvación de forma gratuita. Jesús pagó en su totalidad, así que tú no tienes que pagar nada.

Profundicemos

1. Termina esta frase: «Si Dios califica mi vida hasta ahora, es probable que obtenga _____».

2. Supongamos que murieras esta noche y te encontraras en la puerta del cielo. Cómo responderías si Dios te dice: «¿Por qué debo dejarte entrar al cielo?».

3. ¿Qué clase de personas justifica Dios? ¿Qué aliento recibes a partir de esta verdad? (Romanos 4: 5)

_____

_____

_____

_____

4. Dios te tiene una sencilla proposición. Si admites que eres pecador, te ofrece declararte justo. Todo lo que tienes que hacer es venir a Jesús. Confía en Él y tus pecados serán perdonados, te limpiarán tu registro en el cielo y te declararán justo a los ojos de Dios.

_____ Creo que esto es verdad.

_____ Esto no tiene sentido para mí.

_____ Tengo que pensar en esto durante algún tiempo.

7

¿QUE ES LA FE
para salvación?

LA PREGUNTA PLANTEADA en el título de este capítulo no es tan fácil de responder cómo se podría suponer. De la lectura del Nuevo Testamento es evidente que no todo el que «cree» posee en realidad una fe para salvación. El mismo Jesús advirtió en Mateo 7:21-23 (ntv) que en el día del juicio muchos afirman haber hecho milagros en su nombre, pero les dirá: «Nunca los conocí. Aléjense de mí». Y en Santiago 2:19 se nos informa que hasta los demonios creen en Dios y tiemblan por causa de eso. Sin embargo, no son salvos.

Por otro lado, cuando un hombre preguntó «¿Qué debo hacer para ser salvo?», se le da esta sencilla respuesta: «Cree en el Señor Jesús y serás salvo» (Hechos 16:31, ntv). Eso está claro, ¿verdad? Cree y serás salvo. Podrían añadirse una multitud de versículos que dicen lo mismo (en especial del Evangelio de Juan). El problema no es con las palabras, sino con su significado.

Esto plantea una pregunta clave. Si la salvación se basa en creer en Cristo, ¿cómo uno sabe el momento en el que ha creído de verdad? Todos entendemos que la palabra «creer» tiene muchos matices distintos. Por ejemplo, si digo: «Creo que va a llover mañana», eso no es más que una corazonada. O si digo: «Creo que George Washington fue el primer presidente de los Estados Unidos», eso se refiere a un hecho histórico establecido. Entonces, si digo: «Creo en Jesús con todo mi corazón», hago un tipo de afirmación diferente por completo.

Tres elementos de la fe para salvación

La verdadera fe involucra el intelecto, las emociones y la voluntad. La fe que nos salva involucra todo lo que somos cuando vamos a Cristo. La fe comienza con el conocimiento, se mueve hacia la convicción y termina con la entrega. Démosle un breve vistazo a cada elemento.

1. Conocimiento

El conocimiento se refiere a la base factual de la fe cristiana. Trata de la comprensión intelectual de la verdad. Debes conocer algo para ser salvo. La fe está basada en el conocimiento, y el conocimiento está basado en la verdad. El evangelio contiene información que necesitamos conocer. Tú no eres salvo por la información, pero no puedes ser salvo sin ella.

Supongamos que estás en un edificio en llamas y no puedes encontrar la salida. «¿Dónde está la salida?», gritas. A través del humo y la neblina viene la respuesta: «Ve por el pasillo, gira a la izquierda, baja un tramo de escaleras. La salida está a la derecha». ¿Estás a salvo porque sabes dónde está la salida? No, tienes que hacer el recorrido por tu cuenta. Entonces, si no sabes cómo llegar allí, o si tienes una información indebida, te quemarás y morirás. No eres salvo por conocer la verdad, pero no puedes ser salvo sin ella.

Tenemos que ser muy claros en este punto. La fe cristiana no es fe ciega. Tenemos el llamado a creer en algo, no en cualquier cosa. La verdadera fe para salvación descansa ante todo en Jesucristo. Esto es lo más importante. Hay que saber quién es Él, por qué vino, por qué murió, por qué resucitó de entre los muertos y cómo puede ser nuestro Señor y Salvador. No estoy sugiriendo que haya que pasar un examen de teología con el fin de ser salvos, sino que debemos conocer algo acerca de estas verdades si es que nuestra fe va a descansar sobre el fundamento adecuado. La fe debe estar basada en los hechos de la revelación divina. La fe se apoya en hechos, no en el aire. La fe en lo indebido, aunque sea sincera, no salvará a nadie.

El conocimiento es esencial, pero ni tú mismo puedes salvarte. La fe es salvación, y comienza con el conocimiento, pero nunca termina allí.

2. Convicción

Convicción significa conocer algo y luego dejar que nos persuada a que es verdad. La palabra más común en la Biblia para «creer» significa «tener confianza en, considerar como confiable por completo». Esa palabra hebrea pasa al español como «Amén», lo que literalmente significa «Sí, es verdad». La fe para salvación involucra decirles «Amén» a los hechos del evangelio.

Un hombre puede ir a un médico que le dice que tiene cáncer. «Pero tengo buenas noticias», dice el médico. «Acabamos de descubrir una quimioterapia que puede curar su cáncer. ¿Cree usted esto?». «Sí», responde. ¿Ya está curado? No, al menos hasta que se remangue la camisa y permita que le inserten la aguja y le bombeen en las venas la medicina que salvará su vida.

La convicción es esencial, ya que debes estar convencido personalmente de la verdad, pero eso por sí solo no puede salvarte. Hay un elemento final en la verdadera fe para la salvación.

3. Entrega

La entrega se refiere a la parte activa de la fe. Podemos utilizar la palabra «confiar» en el sentido de «depender por completo de», como cuando descansas con todo tu peso sobre una cama, confiado en que te puede sostener. La fe verdadera siempre se extiende para posarse sobre algún objeto. Si vamos a ver a un médico, debemos poner nuestra fe en él. Si vamos a ver a un abogado, debemos poner nuestro caso en sus manos. Esto es lo que se quiere decir con frases tales como; ``crees en tu corazón.

Crees con tu corazón Significa, abrazar, aceptar, recibir, acoger, algo o a alguien.

La verdadera fe para la salvación siempre termina en una entrega personal. Los vendedores entienden este principio. Después que se hace la presentación, en algún punto los clientes tienen que firmar sobre la línea de puntos. Si dicen: «*Sé* que es un buen producto. Pero no has hecho un trato todavía; Si dicen (Creo que necesito eso) están cerca de hacer el trato. pero todavía no lo has hecho. En cambio, cuando dicen: ¿Dónde firmo? acabas de cerrar el trato.

Podemos encontrar los tres elementos de la fe en un verso: «*Sé* en quién he creído, y estoy *seguro* de que tiene poder para guardar hasta aquel día lo que le he *confiado*» (2 Timoteo 1:12, énfasis añadido). Sé... y estoy seguro... lo que le he confiado. Está muy bien allí. El conocimiento, la convicción, la entrega.

El Gran Blondin

En el siglo diecinueve, el mejor acróbata sobre la cuerda floja en todo el mundo era un hombre llamado Charles Blondin. El 30 de junio de 1859, se convirtió en el primer hombre en la historia caminando sobre una cuerda a través de las cataratas del Niágara. Más de veinticinco mil personas se reunieron para verlo cruzar trescientos treinta y cinco metros a través de una cuerda suspendida a cincuenta metros por encima de las enfurecidas aguas. Lo hizo sin una red ni arnés de seguridad. El menor titubeo podría ser fatal. Cuando llegó a salvo al lado canadiense, la multitud estalló en un potente clamor.

En los días que siguieron, cruzaría las cataratas muchas veces. En una ocasión, cruzó en zancos; otra vez llevó una silla y una estufa con él, y se sentó a la mitad del camino, se preparó una tortorta de huevos y se la comió. Una vez, llevó a su representante y cruzó con él en su espalda. Y en otra oportunidad cruzó empujando un barril cargado con ciento sesenta kilos de cemento. En una ocasión les preguntó a los animados espectadores si pensaban que cruzaría empujando a un hombre sentado en un barril. Un poderoso clamor de aprobación surgió de la multitud. Observando a un hombre que gritaba muy fuerte, preguntó:

—Señor, ¿cree que puedo cruzar con usted con seguridad en este. barril?

—Sí, por supuesto.

—Súbase —le respondió sonriendo el Gran Blondin.

El hombre se negó.

Eso lo deja bien claro, ¿verdad? Una cosa es creer que un hombre puede cruzar solo. Otra cosa es creer que lo puedes cruzar contigo de manera segura. En cambio, es algo distinto por completo que te subas al barril. Esa es la diferencia entre conocimiento, convicción y entrega.

«¡Eso es asombroso!»

Si sabes lo que significa creerle a un médico cuando dice: «Usted necesita una operación», entiendes lo que significa tener fe. Si sabes lo que significa subirse a un avión confiándole tu seguridad al capitán de la cabina, entiendes lo que significa tener fe. Si sabes lo que significa pedirle a un abogado que presente tu caso en el tribunal, entiendes lo que significa tener fe. La fe es la dependencia total en otra persona para hacer lo que tú no podrías hacer jamás por tu propia cuenta.

¿Cuánta fe se necesita para ir al cielo? Depende. La respuesta es no mucha, pero toda la que tengas. Si estás dispuesto a confiar en Jesucristo con toda la fe que tienes, puedes ser salvo. Con todo, si estás reteniendo algo, pensando que tal vez necesites hacer algo para ayudar a salvarte a ti mismo, ¡olvídalo!

Mientras servía como presentador invitado en un programa nacional de radio, recibí una llamada de una jovencita llamada Ángela que me preguntó cómo uno puede saber que está a salvo. Le cité 1 Juan 5:13, donde dice que uno puede saber que tiene vida eterna al creer en Cristo. Le dije a Ángela que la salvación depende de confiar en Jesucristo. Se trata de algo más que solo creer en hechos acerca de Jesús. Confiar en Cristo significa depender por completo de Él. Tú confías en un piloto de líneas aéreas para volver al suelo con seguridad. Confías en tu médico cuando tomas las medicinas que te receta. Confías en tu abogado cuando le permites que te represente en el tribunal. Dios dice que cuando confías en Jesucristo de la misma forma, eres salvo de tus pecados. Todo lo que tienes que hacer es confiar en Cristo por completo y serás salvo. Cuando le pregunté a Ángela qué pensaba acerca de eso, dijo de repente: «¡Vaya! Eso es asombroso». Sí, lo es. Es la verdad más asombrosa que conozco.

¿Qué me dices del arrepentimiento?

En este punto quizá alguien pregunte dónde encaja el arrepentimiento en el mensaje del evangelio. Después de todo, la primera palabra que Jesús pronunció en su ministerio público fue «arrepiéntanse» (Mateo 4:17). El significado literal de la palabra «arrepentimiento» es «cambio de opinión». Tiene que ver con la forma en que piensas respecto a algo. Has estado pensando de cierta forma, pero ahora piensas distinto. Eso es el arrepentimiento: el cambio de opinión.

Supongamos que un hombre quiere aprender cómo lanzarse en paracaídas. Así que va a una escuela de paracaidismo y le muestran cómo armar su equipo, cómo tirar del cordón y cómo aterrizar con seguridad. Por fin llega el día en el que lo llevan a un avión. Le tiene miedo a la muerte, pero está demasiado asustado para volverse atrás. Llega el momento de saltar. Va a la puerta del avión y ve abajo la tierra a dos mil metros. Sus piernas se debilitan, comienza a tener náuseas y alguien detrás trata de empujarlo hacia fuera del avión. En el último segundo, dice:

—No. No voy a hacer esto.

—Adelante, tú puedes hacerlo —le grita su instructor.

—Ya cambié de opinión —le contesta. No voy a saltar.

Y no lo hace. Ese hombre se arrepintió. Cambió de opinión de una forma decisiva.

Esta historia ilustra cómo funciona el arrepentimiento. El arrepentimiento es un cambio en tu forma de pensar que te conduce a un cambio en tu forma de vivir. Cuando en verdad cambias de opinión respecto a algo, eso va a cambiar la forma en que piensas respecto a eso, la forma en que hablas, y por último qué haces al respecto;

El verdadero arrepentimiento y la fe para salvación van de la mano. Son como las dos caras de una misma moneda. Según Marcos 1:15, debemos hacer esto: «¡Arrepiéntanse y crean las buenas nuevas!». Arrepentirse significa cambiar de opinión acerca de cualquier cosa que te impida ir a Cristo. Confiar en Cristo significa acercarse con todo tu corazón a Él mediante la fe, de manera que se convierta en tu Salvador y Señor.

El poder de una fe débil

Un día, una mujer con un serio problema de sangrado se le acercó a Jesús mientras recorría una calle estrecha llena de gente. Extendió la mano, tocó la punta de su manto y se sanó al instante. Después de doce años de desdicha, con un solo toque su enfermedad desapareció para siempre. Esta historia es muy útil porque la mujer jamás le dijo nada a Jesús. Sin duda, estaba temerosa y avergonzada de dirigirse a Él de manera abierta. Aun después de su milagrosa sanidad, no dijo una sola palabra. Simplemente se lo encontró en la multitud, tocó su manto, se sanó de forma maravillosa y luego se volvió para marcharse. Solo en ese momento es que Jesús se dirige a ella. «Tu fe te ha sanado; vete en paz» (Lucas 8:48, lbla).

En esta pobre mujer observamos el asombroso poder de una fe débil. Sabía quién era Jesús (eso es conocimiento), creía que podía ayudarla (eso es convicción) y lo tocó en la multitud (eso es entrega). No tenía una enorme cantidad de fe. Sin embargo, tenía un pequeño grano de fe y, a través de él, Dios movió la montaña de su enfermedad.

¡Qué sencillo es acercarse a Cristo! Solo un toque y sanó a esta mujer. No por sus promesas de ser mejor, no por un ofrecimiento de hacer algo por Jesús si Él hacía algo por ella. No hubo negociación aquí. Alargó una mano temblorosa y, en un instante, se sanó. Ni siquiera hubo un largo proceso. Ocurrió tan rápido que solo se le podría llamar un milagro.

Eso es lo que puede hacer una fe débil. No es difícil ir a Cristo. La parte más difícil es extender la mano de la fe. Si quieres tocar a Jesús, todo lo que tienes que hacer es llegar a Él.

Ese es el poder de una fe débil cuando se dirige hacia el objetivo adecuado. Tú no necesitas una fe fuerte. Puedes tener una fe débil siempre y cuando descanse sobre un objeto fuerte. ¿Y quién podría ser más fuerte que el mismo Jesucristo?

Pero tu dices que mi fe no es tan fuerte; Dios nunca pregunta si nuestra fe es fuerte, Él solo requiere que nos apoyemos en el Señor Jesucristo. Incluso una mano temblorosa puede recibir una copa de oro. Cuando recibo un regalo con mi mano, no miro mi mano ni me pregunto qué tipo de mano tengo. Miro hacia el regalo y no me preocupo por mi mano. No te preocupes por la fortaleza de tu fe. Si tienes fe suficiente como para querer ir a Cristo, eso es todo lo que necesitas.

¿Alguna vez has sentido como si tus problemas te impidieron acercarte a Dios? ¿Alguna vez te has sentido tan sucio e impuro que piensas que Jesús no tendría nada que hacer contigo? No te desesperes. Jesús no se ofende por tus problemas. Él lo ve todo antes. No te volverán la espalda.

Cristo parado a la puerta

En el último libro de la Biblia encontramos la imagen de Cristo parado y tocando a la puerta. El cuadro viene de Apocalipsis 3:20, donde Cristo se ofrece para entrar a una iglesia tibia y letárgica a fin de tener comunión con los que lo dejen entrar. Es una maravillosa imagen de cómo Cristo viene a cada uno de nosotros. Y en esta imagen vemos con claridad los tres elementos de la fe.

Escucho el llamado: Eso es conocimiento

Voy a la puerta: Eso es convicción

Abro la puerta: Eso es entrega

Solo entonces Cristo viene y se hace una casa en mi corazón. Hace años aprendí una canción del coro de niños que dice más o menos así: «Una puerta y solo una, aunque sus lados son dos. Adentro y afuera, ¿en qué lado estás tú?».

Esta es una pregunta crucial que debemos considerar todos nosotros. ¿A qué lado de la puerta de tu corazón está Jesucristo? ¿Está adentro, o está afuera, llamando todavía, esperando a que le abras la puerta? Si escuchas a Cristo tocando, no te tardes. Ve a la puerta y déjalo entrar. Esta es la verdadera fe para la salvación.

La fe para salvación entiende el evangelio, cree en el evangelio y luego se entrega al evangelio como la única esperanza de salvación. La fe para salvación se acerca y confía en Cristo como Señor y Salvador.

Profundicemos

Anota algunas de las actividades religiosas que quizá la gente use como sustituías para la verdadera fe para salvación.

_____

_____

_____

_____

_____

Según Hebreos 11:6, ¿qué es lo único necesario a fin de que agrademos a Dios?

_____

_____

_____

_____

Lee Juan 20:26-29. Cuando Tomás por fin se encontró con Jesús después de la resurrección, ¿cómo pudo expresar su total compromiso con Cristo?

_____

_____

_____

_____

_____

Vamos a personalizar Juan 3:16 (lbla). Escribe tu nombre en los espacios en blanco de este versículo. «Porque de tal manera amó Dios [a] _____, que dio a su Hijo unigénito, para que todo aquel [incluyendo a] (_____) que cree en Él, no se pierda, mas tenga vida eterna».

Describe el nivel de tu fe en Jesucristo en este momento. ¿Es sobre todo el conocimiento sin mucha convicción? ¿Es convicción sin entrega? ¿O es el conocimiento más convicción, más entrega? Si no estás seguro, solo di: «No estoy seguro» o «Todavía lo estoy pensando».

_____

_____

_____

_____

_____

_____

8

COMO VENIR A Cristo

SI HAS LEÍDO HASTA AQUÍ, es probable que sepas lo que viene después. Es hora de hablar acerca de abrir la puerta y darle la bienvenida a Cristo en tu vida como Salvador y Señor. Sin embargo, antes de hacerlo, me gustaría relatar una historia poco común sobre la forma en que un hombre vino a Cristo. Todo comenzó cuando Bob Johnsen me presentó a su hermano Jim. Cuando lo conocí, Jim estaba gravemente enfermo del cáncer que volvió luego de algunos años de remisión. Jim no podía soportarlo por causa del dolor tan fuerte. Estrechamos nuestras manos y me pidió con voz desesperada que orara por él. Parecía como un hombre necesitado de un Salvador, pero que no sabía dónde buscarlo. Durante uno o dos meses lo saludaba cada vez que lo veía en la iglesia y trataba de animarlo lo mejor que podía.

Un día, Bob me llamó para decirme que a Jim lo habían llevado al hospital y quería verme. Cuando entré a su habitación, me dijo: «Pastor, hay muchas cosas que quiero contarle». Y poco a poco reveló la historia de su vida. Me contó que de niño se crió en una familia cristiana, pero durante muchos años se alejó del Señor. Pasó mucho tiempo en el ejército y estaba muy orgulloso de su servicio, pero durante esos años se había alejado de Dios. «Soy un hombre muerto», me dijo. «Los médicos no me lo dicen, pero sé la verdad. El cáncer se encuentra en la columna vertebral. Dudo que alguna vez salga del hospital».

Me habló de sus años de vagar como los «cuarenta días y cuarenta noches» cuando llegó la lluvia antes del gran diluvio en los días de Noé. Era evidente que algo había ocurrido hacía poco en su vida, pero no sabía de qué se trataba. Entonces, me dijo que un día escuchó la conocida canción de niños: ``Cristo me ama'' y comenzó a cantarla. Con sus propias palabras, mientras cantaba, «ocurrió». ¿Qué ocurrió? Confió en Jesucristo mientras cantaba {Cristo me ama,} y tuvo una definitiva experiencia de conversión. Fue real, fue claro, fue un poderoso cambio en su vida.

Mientras me contaba la historia, en cierto punto me tomó del cuello y dijo: (Pastor Ray,) tiene que decírselo a los jóvenes. Dígales que Cristo es la única respuesta. Los jóvenes necesitan saber esto para que no malgasten tantos años como lo hice yo». Luego me pidió que le relatara su historia a toda la gente que pudiera. «Quiero ayudar a todas las personas que pueda mientras siga vivo».

> Entonces, dijo algo que no esperaba. «Sé que voy al cielo, pero solo hay un problema. No tengo un {certificado.} No tenía la menor idea de lo que quería decir. Sin duda, alguno de sus amigos le había dicho que necesitaba un certificado para estar seguro de que iría al cielo, quizá algún tipo de certificado de membresía de la iglesia o de bautismo. Cualquiera que fuera el significado, esto le preocupaba en gran manera porque no tenía nada que mostrarles a los demás. Cuatro veces dijo con gran emoción: «Pero no tengo un certificado». Me daba cuenta que la cuestión lo turbaba muchísimo.

Después que regresé a la iglesia, decidí que si Jim necesitaba un certificado, podríamos darle uno. Así que escribí algunas cosas y se lo di a mi secretaria. Ella diseñó un lindo certificado que imprimimos en un

papel con un bonito borde. Una vez firmado, lo colocamos en un marco.
Decía algo así:

Por el testimonio de la Palabra de
Dios y bajo su profesión de fe en
Jesucristo

Jim Johnsen

es un cristiano nacido de nuevo
que ha confiado en Jesucristo
como su Señor y Salvador.
«El que tiene al Hijo, tiene la
vida; el que no tiene al Hijo de
Dios, no tiene vida».
1 Juan 5:12

«Cristo me ama, bien lo sé...
La Biblia dice así».

Cuando le di el certificado, lloró durante cuarenta y cinco minutos.
Más tarde, su familia colocó el certificado en un lugar de la pared que él
pudiera ver. Durante sus últimos días, le mostraba el certificado a todo el
que lo visitaba. Después del funeral, pusimos el certificado en su ataúd,
donde estará con su cuerpo hasta el día de la resurrección.

Esta historia ilustra muchas cosas, en gran parte que hay esperanza
para todos nosotros. También nos dice que ir a Cristo es cuestión de que
el corazón se acerque en fe al Señor, y no solo de recitar algunas palabras
o pasar a través de un ritual religioso. Jim Johnsen descubrió que nunca
es demasiado tarde para venir a Cristo. Y uno no necesita un certificado
para estar seguro de que cuando muramos iremos al cielo. Las escasas
palabras que escribimos en ese papel solo resumen el mensaje de este
libro. No te hace falta un certificado para ir al cielo, pero sí necesitas
poner tu confianza en Jesucristo y sólo en Él.

El evangelio es la respuesta de Dios para los que no se avergüenzan de admitir que necesitan ayuda. Si eso es verdad, ¿por qué algunas personas esperan tanto tiempo para ir a Jesús? Un hombre me dijo que muchas personas esperan porque «no han tocado fondo». Es cierto que muchas personas se sienten autosuficientes y piensan que no necesitan al Señor. Uno solo puede orar para que cuando toquen fondo, al fin vuelvan su mirada hacia arriba y claman pidiendo ayuda. Posponer las cosas mantiene alejada a mucha gente de Dios. Siempre pensamos que tendremos más tiempo para decidir. Sin embargo, la vida es muy incierta. «No te jactes del día de mañana, porque no sabes lo que el día traerá» (Proverbios 27:1). En un momento estás en la cima del mundo; al siguiente tu avión se estrella y termina tu vida terrenal.

Llega un momento en el que debes decidir dónde te encuentras con Jesús. Nadie puede sentarse en la cerca para siempre. No decidir es en sí una decisión. Si no le dices sí a Cristo, estás diciendo no en realidad. Tomando prestada una frase del gran predicador del siglo XX, Billy Graham, llegó la >hora de la decisión que nos llegará a todos tarde o temprano. Mi oración es para que esta pueda ser tu hora de decirle sí a Jesucristo.

El evangelio descrito con claridad

Puesto que estamos cerca del final de este libro, dediquemos un momento para revisar lo que aprendimos hasta ahora. Puedo resumir todo el mensaje del evangelio en siete sencillas declaraciones:

- Admitir mi necesidad: Conocer al Dios que me creó
- Aceptar el juicio de Dios: Culpable de los cargos
- Afrontar la verdad: Incapaz de salvarme a mí mismo
- Reconocer la solución de Dios: El Señor Jesucristo
- Recordar lo que Él hizo: La cruz y la tumba vacía

- Transferir tu confianza: De ti a Cristo solamente
- Recibir salvación eterna: Su justicia por mi pecado

Si entiendes lo que significan estas frases, ya sabes todo lo que necesitas saber para ir al cielo. El evangelio comienza con el Dios que nos creó. Aunque nos crearon para conocerle, el pecado nos separó de Él. A causa del pecado somos verdaderamente culpables a los ojos de Dios y nos deja en una condición de desvalidos, incapaces de salvarnos a nosotros mismos. Apartados de la gracia divina, moriremos en nuestros pecados. Si Dios no hace algo, estamos perdidos para siempre. La buena noticia del evangelio es que Dios hizo algo. Envió a su Hijo, el Señor Jesucristo, que cumplió a la perfección la voluntad de Dios y obedeció la ley de Dios hasta el punto de la perfección. Tuvo éxito donde todos nosotros fracasamos de forma tan miserable. Cuando murió, no lo hizo por sí mismo (pues Él no cometió pecado), sino murió en nuestro lugar, como un condenado, llevando nuestro pecado y recibiendo nuestro castigo. Ocupó nuestro lugar por lo que merecíamos. Confirmó como ciertas todas sus afirmaciones al resucitar de entre los muertos al tercer día. La salvación se les ofrece a todos y cada uno con la condición de que nos volvamos de la confianza y la seguridad personal para confiar de manera total y absoluta solo en Cristo. Cuando confiamos en Cristo de esa forma, Dios nos atribuye la justicia de Cristo y el castigo por nuestros pecados se paga en su totalidad. Así es que recibimos el beneficio de lo que Cristo logró hace dos mil años. Este es el evangelio de Jesucristo.

La Biblia utiliza varias palabras y frases para describir lo que nos ocurre cuando confiamos de todo corazón en Cristo como Señor y Salvador. Nos perdona, salva. nacemos de nuevo, nos declara justos a los ojos de Dios, se nos da una nueva vida, nos absuelve, nos libera del castigo del pecado, nos lleva a una nueva relación con Dios, nos llama hijos de Dios. y nos da la seguridad de que al morir iremos al cielo. Esta es la «salvación total». Es gratuita para nosotros, pero no barata. Le costó a Dios la muerte de su Hijo unigénito. El más famoso versículo de la Biblia resume el mensaje de este libro en una sencilla, pero profunda oración: «Porque tanto amó Dios al mundo, que dio a su Hijo unigénito, para que todo el que cree en él no se pierda, sino que tenga vida eterna» (Juan 3:16).

La salvación está disponible para todos y cada uno de quienes la quieran. La oferta de Dios está ahora sobre la mesa. ¿Qué harás con ella?

La salvación de forma sencilla

Un amigo me envió un correo electrónico respecto a la pregunta que le hizo un compañero de trabajo:

> *¿Cómo se define un cristiano? Antes, si no eras judío, hindú o budista, eras cristiano, sin importar si eras católico, luterano, episcopal o bautista. Sin embargo, parece que ahora la palabra significa algo más específico. ¿Se considera una religión distinta a la católica, luterana, episcopal o bautista, o cualquier otra? Si esto es así, ¿qué la hace diferente?*

Esa es una muy buena pregunta. Demuestra que la persona ha meditado en serio sobre asuntos espirituales. También revela que ha llegado a una cuestión central que desde hace mucho ha confundido a millones de personas: ¿Cuál es la diferencia entre un cristiano y el miembro de una iglesia? La manera más sencilla de responder a esa pregunta es diciendo que un cristiano es una persona que ha llegado a conocer a Dios de forma profunda y personal mediante una fe genuina para salvación en el Señor Jesucristo. Decirlo de esa manera significa que mientras casi todos los cristianos son miembros de una iglesia, no todos los miembros de una iglesia son necesariamente verdaderos cristianos. Conocer a Dios por medio de Cristo tiene que ver con una relación personal que es posible a través de la fe; no se refiere a un ritual religioso ni a solo «unirse a una iglesia».

Esta verdad nos conduce a un punto importante: Nadie «llega» al cristianismo por accidente. En algún punto debe confiar de manera consciente en Cristo como Señor y Salvador. En palabras del pastor británico del siglo XIX Charles Spurgeon: «Tú no llegarás jamás al cielo en una multitud». Es cierto que habrá multitudes en el cielo, pero solo llegamos ahí uno a uno. Dios salva a individuos, no a grupos ni a muchedumbres.

Juan 1:12-13 ofrece un bosquejo sencillo de lo que significa ir a Cristo para salvación: «Mas a cuantos lo recibieron, a los que creen en su nombre, les dio el derecho de ser hijos de Dios. Estos no nacen de la sangre, ni por deseos naturales, ni por voluntad humana, sino que nacen de Dios».

Un paso sencillo: recibirlo

«A cuantos lo recibieron». El camino de la salvación se inicia con un paso sencillo: *Recibir a Cristo como Señor y Salvador*. La palabra «recibir» significa darle la bienvenida a un visitante a tu casa. Es lo que ocurre cuando alguien toca tu puerta, la abres y lo invitas a entrar. Recibir a Cristo significa darle la bienvenida como huésped de honor y tenerlo en tu corazón para que habite en su hogar.;

Un maravilloso resultado: Hijo de Dios

«Les dio el derecho de ser hijos de Dios». La palabra «derecho» significa «honor» o «privilegio». En el momento en que recibes a Cristo en tu vida, Dios te concede el honor de convertirte en miembro de su familia. Esto nos enseña que no todo el mundo es hijo de Dios. Todos somos criaturas de Dios, pero no todo el mundo es hijo de Dios. A veces las personas dirán a la ligera: «Todos somos hijos de Dios», pero la Biblia no dice tal cosa. Dios solo le concede el privilegio de ser sus hijos a los que mediante la fe personal reciben a Jesús como Señor y Salvador (Gálatas 3:26).

Eso te conduce a algunas preguntas que deberías hacerte:

«No todo el mundo es hijo de Dios.
¿Lo soy yo?»
«No todo el mundo tiene vida eterna.

¿La tengo yo?»

«No todo el mundo irá al cielo. ¿Iré yo?».

Una misteriosa verdad: Nacido de Dios

«Estos no nacen de la sangre, ni por deseos naturales, ni por voluntad humana, sino que nacen de Dios» (Juan 1:13). Este versículo nos enseña que la gracia de Dios no pasa de forma automática de una generación a otra. Tú no eres cristiano solo porque tus padres fueron cristianos ni porque tu abuelo fuera un obispo episcopal, ni porque tu tío fuera un diácono bautista. Y no recibirás una mejor calificación de Dios solo porque provengas de una buena familia y tengas una excelente educación. No te puedes salvar a ti mismo a través del esfuerzo humano, así que no te molestes en intentarlo. Mientras más rápido dejes de tratar de salvarte a ti mismo, más rápido te podrá salvar Dios.

Todo el evangelio está contenido en la pequeña frase (nacido de Dios; La salvación es del Señor. *Es un regalo, gratuito por completo y del todo por gracia.* No es un proyecto. donde tú haces tu parte y Dios hace la suya. Sin embargo, alguien quizá se oponga: «¿No tengo que desempeñar un papel en la salvación?». Por supuesto que tienes que hacer una parte. Tu papel es de estar perdido de manera irremediable en el pecado. El papel de Dios es salvarte. De esa forma solo Dios se lleva el crédito. La salvación es una obra de Dios de principio a fin.

Tiempo de decisión

A veces describimos a las personas que no pueden tomar una decisión como que están al borde. Esto describe la forma en que muchas personas se relacionan con Jesucristo. Quieren conocerlo, saben que lo necesitan, en verdad sienten su pecado, quieren encontrar el perdón y tal vez hasta estén «decididas a saltar». Sin embargo, hasta que no saltan, todavía están en la cerca con respecto a Jesús. Para usar un término bíblico, todavía están perdidas.

Tomar la decisión de recibir a Cristo es bueno. Recibirlo por la fe es mucho mejor.

Hace dos mil años Pondo Pilato, el gobernador romano en Jerusalén, le preguntó a la multitud: «¿Qué quieren que haga con Jesús?». Le respondieron: «¡Crucifícalo!». Hizo la pregunta porque quería quitarse de encima la responsabilidad de la decisión. Eso nunca da resultados. Al final, cada uno de nosotros debe decidir lo que va a hacer personalmente con Jesús.

La curiosidad es buena si te conduce a la verdad. Los argumentos interminables pueden ser una forma de evitar la verdad. Al fin y al cabo, la verdad exige un compromiso personal. Tú puedes hablar de lo mismo y discutir, debatir, y analizar por separado, pero a lo largo tienes que hacer algo al respecto. Desde el punto de vista de Dios, creer en Cristo es tanto una invitación como un mandato, a la luz de todo lo que Cristo ha hecho, nos invitan a confiar en Él como Señor y Salvador. Aun así, esto no es una simple opción que podamos tomar o dejar como si pudiéramos encontrar una mejor oferta en algún otro lado. Decir que Dios nos ordena a creer en Cristo significa que si rechazamos su oferta de vida eterna, lamentaremos nuestra mala decisión por toda la eternidad. De acuerdo con la Biblia, el pecado de incredulidad es el mayor de todos los pecados. Los que no creen en Jesús ya están bajo la ira de Dios. Esta solemne verdad debería hacer que nos detengamos y pensemos con cuidado. Está en juego algo grande. No debemos tener en poco al evangelio.

El Antiguo Testamento registra una fascinante historia sobre serpientes venenosas que Dios le envió al pueblo de Israel como juicio debido a su pecado (Números 21:5-9). Cuando el pueblo clamó por misericordia, Dios le dijo a Moisés que fijara una serpiente de bronce en un poste y la colocara donde todo el pueblo pudiera verla. Luego se les dijo que miraran la serpiente en el poste y se salvarán. Mirar y vivir. Una acción tan simple, pero con enormes consecuencias. Juan 3:14-15 aplica esa historia a la obra de Jesucristo. Al igual que la serpiente de bronce se levantó en el desierto, también a Jesús lo «levantaron» en la cruz para morir por nuestros pecados. La invitación de Dios es la misma. ¡Mira y vive! Mira con fe a Jesús y tendrás la vida eterna. Si te niegas a mirar, morirás. Si miras, vivirás.

El riesgo de la eternidad en Jesús

Analiza las palabras de estos pequeños versos:

En una vida que no viví,
En una muerte que no morí,
Arriesgo mi eternidad entera.

La «vida que no viví» es la vida de Jesús, y la «muerte que no morí» es su muerte en la cruz. Cuando confiamos en Cristo, «arriesgamos la eternidad» en Él. Eso es lo que significa ser cristiano. Significa confiar tanto en Cristo que corres el riesgo de tu eternidad en lo que Él hizo por ti en su vida y muerte. A veces le digo a la gente que confiar en Jesús para la salvación significa confiar en Él de manera tan total que si no puede llevarte al cielo, no llegarás allí. ¿Estás dispuesto y listo para hacer eso?

Quizá te ayude a que tus palabras tomen forma en una oración muy sencilla. Aunque te animo a que hagas esta oración, te advierto que no te salvarás con solo decir estas palabras. La oración no salva. Solo Cristo puede salvar. Sin embargo, la oración puede ser un medio para llegar al Señor en una verdadera fe para salvación. Si oras estas palabras con fe, Cristo te salvará. Puedes estar seguro de eso.

Señor Jesús:
Durante mucho tiempo te he mantenido fuera de mi vida. Sé que soy pecador y que no puedo salvarme a mí mismo. Ya no cerraré la puerta cuando escuche tu llamado. Por fe, y con agradecimiento, recibo tu regalo de salvación. Estoy listo para confiar en ti como mi Señor y Salvador. Gracias, Señor Jesús, por venir a la tierra. Creo que eres el Hijo de Dios que murió en la cruz por mis pecados y resucitó de entre los muertos al tercer día.

Gracias *por llevar sobre ti mis pecados y darme el regalo de la vida eterna. Creo que tus palabras son verdad. Ven a mi corazón, Señor Jesús, y sé mi Salvador. Amén.*

Si hiciste esta oración con fe sincera, quizá quieras poner tus iniciales junto a la oración con la fecha de hoy, como un recordatorio de que llegaste a Cristo por fe, confiando en Él como tu Señor y Salvador.

Al fin y al cabo, yo no puedo tener fe por ti ni tú por mí. Jesús dijo: «Vengan a mí todos ustedes que están cansados y agobiados, y yo les daré descanso» (Mateo 11:28). ¿Vendrás tú? Ven y ve con tus propios ojos. Ven y descubre cómo es que Cristo puede transformar tu vida.

Si tienes temor, tranquiliza tu corazón. Él no rechaza al que le busca. No le dará la espalda. Podrás comprobarlo. Dios te invita. Aun así, todavía puedes ir. No dudes. Deja de poner excusas. Ven a Cristo y sé salvo. Confía en Él y comenzarás tu nueva vida. Cristo abrió la puerta y pagó el precio de entrada con su propia sangre. ¿No confiarás en Él y lo harás tuyo? Cristo lo pagó todo. Él está llamando a la puerta. ¿Cuál será tu respuesta?

Tal como soy

En 1822, una joven llamada Charlotte Elliott visitó a algunos amigos suyos en la zona oeste de Londres, y ahí conoció a un notorio ministro llamado César Malan. Durante la cena, le preguntó si ella era cristiana. Cuando le respondió que no quería hablar del asunto, el ministro contestó: «No quiero ofenderla. Sin embargo, quiero que sepa que Jesús puede salvarla si se vuelve a Él». Varias semanas más tarde, se encontraron de nuevo y la señorita Elliott le dijo que había tratado de ir a Cristo, pero no sabía cómo hacerlo. «Solo vaya a Él tal como es», le dijo el Dr. Malan. Recibiendo el consejo en su corazón, compuso un poema que comienza de esta forma:

Tal como soy, de pecador,
Sin más confianza que tu amor,

Ya que me llamas, acudí;
Cordero de Dios, heme aquí.

En 1849, William Bradbury compuso música para esa letra. Desde entonces, se ha convertido en uno de los himnos más queridos de todos los tiempos. Durante muchos años, Billy Graham concluyó todos los sermones de sus cruzadas cantando «Tal como soy». La segunda estrofa contiene el propio testimonio de Charlotte Elliott:

Tal como soy, buscando paz,
En mi desgracia y mal tenaz,
Conflicto grande siento en mí;
Cordero de Dios, heme aquí.

Y la tercera estrofa contiene la promesa del evangelio:

Tal como soy, me acogerás;
Perdón alivio me darás;
Pues tu promesa ya creí;
Cordero de Dios, heme aquí.*

Esa es también la promesa que Dios nos hace a ti y a mí. Si vas a Él, tal como eres, y si crees las promesas del evangelio, te dará la bienvenida, te perdonará, te limpiará y te dará descanso. El Señor permita que esa sea tu experiencia al acudir mediante la fe a Jesucristo, el gran Cordero de Dios.

Nos invitan a confiar en Cristo como Señor y Salvador. Aun así, esto no es una simple opción que podamos tomar o dejar como si pudiéramos encontrar una mejor oferta en algún otro lado.

Profundicemos

¿Por qué tantas personas confunden el ser cristiano con ser miembro de una iglesia cristiana? ¿Cuál es la diferencia esencial entre un verdadero cristiano y una persona religiosa?

_____

_____

_____

¿Por qué es necesario confiar en Cristo de manera personal?

_____

_____

_____

Lee Juan 3:1-7. Jesús le dijo a Nicodemo: «Tienen que _____ de nuevo». ¿Qué significa esta declaración?

_____

_____

_____

De acuerdo con Jesús en Juan 6:47, ¿qué tienes a través de creer en Él?

_____

_____

_____

Antes de continuar, saca tiempo para leer Juan 1:12-13 en voz alta. Con el fin de hacer que este poderoso pasaje sea parte de tu vida, ¿por qué no le dedicas tiempo para memorizarlo?

_____

_____

_____

Nota

* «Tal como soy», *El Nuevo Himnario Popular,* # 64, letra de Charlotte Elliott, traducción de T.M. Westrup, música de William B. Bradbury. © Copyright 1955, Casa Bautista de Publicaciones, El Paso, TX.

9

LOS PRIMEROS PASOS
EN una nueva direccion

CONFIAR EN CRISTO COMO SALVADOR y Señor es la decisión más importante que tomarás jamás. Tu destino eterno ha cambiado debido a lo que Cristo hizo por ti. Sin embargo, ese no es el final de la historia. De muchas maneras, es solo el principio.

Quizá hayas escuchado el término «nacido de nuevo» y te preguntes de dónde proviene. En un principio, el término salió de los labios de Jesús (Juan 3:3). Describe la vida nueva que les da a quienes acuden a Él en fe para salvación. Tal como el nacimiento físico desemboca en una vida nueva que conduce al crecimiento físico, el nuevo nacimiento espiritual produce en ti una vida nueva que te conduce al crecimiento espiritual.

En el sentido bíblico, la salvación tiene tres partes. En primer lugar, te salva de la culpa del pecado en tu pasado en el momento que confías en el Señor Jesucristo. En segundo lugar, te salva momento a momento del poder del pecado en el presente, mientras dependes del Señor y obedeces sus mandatos. En tercer lugar, te salvarás de la presencia del pecado en el futuro cuando al fin estés delante del Señor en el cielo. En ese día, el pecado y sus corrosivas consecuencias se eliminarán de tu vida de una vez por todas. Si bien es cierto que los creyentes disfrutan la salvación ahora, aún no ha llegado lo mejor. En Juan 5:24 podemos ver los tres «tiempos» de la salvación muy claramente: «Les digo la verdad, todos los que escuchan mi mensaje y creen en Dios, quien me envió, tiene vida eterna. Nunca serán condenados por sus pecados, pues ya han pasado de la muerte a la vida» (ntv). El creyente «ha pasado» (ese es el pasado), «tiene vida eterna» (ese es el presente), y «nunca será condenado» (ese es el futuro).

Comencé este libro prometiéndome algunas buenas noticias que pueden transformar tu vida. Parte de las buenas noticias es que una vez que confías en Cristo, tus pecados son perdonados, Cristo viene a tu vida, te conviertes en parte de la familia de Dios y recibes el regalo de la vida eterna. No tienes que temerle a la muerte, pues cuando mueras, irás al cielo para estar con el Señor Jesús para siempre.

Al final de una conferencia en Hudson, Florida, una pareja de ancianos me llevó en su automóvil al aeropuerto de Tampa, a fin de que pudiera tomar mi vuelo de regreso a Chicago. Mientras conversábamos, el padre me contó la trágica historia de la muerte de uno de sus hijos cuando tenía treinta y tres años de edad. Ocurrió justo mientras el hijo terminaba su preparación para ser misionero. El cáncer cobró su vida luego de tan solo tres meses. Antes de morir, animó a sus padres con estas palabras: «No se preocupen por mí. Solo me van a transferir a las Oficinas Principales». Desde su muerte, sus padres han llevado esas palabras en el corazón.

¿De dónde viene esa fe? ¿Qué esperanza tiene alguno de nosotros de ir al cielo? Con certeza, de esto: A través de la fe estamos unidos a Jesucristo. Cuando muramos, estaremos donde está Cristo, y sabemos dónde está Él porque cuarenta días después que resucitara de los muertos, el Señor Jesucristo ascendió al cielo (Hechos 1:9-11). En el momento de la muerte, los hijos de Dios pueden estar seguros de que el Cristo que ascendió corporalmente al cielo los llevará para estar con Él, y un día resucitará sus cuerpos inmortales e incorruptibles. «Sabemos que Dios, quien resucitó al Señor Jesús, también nos resucitará a nosotros con Jesús y nos presentará ante sí mismo junto con ustedes» (2 Corintios 4:14, ntv). Esta seguridad no es solo para un selecto grupo de unos cuantos creyentes, sino para todos los que van a Cristo con una fe genuina para salvación.

Otra parte de las buenas noticias es que Cristo viene a tu vida para transformarla desde dentro hacia fuera. A medida que Él hace su hogar en tu corazón, descubrirás nuevos deseos que nunca antes habías tenido y nuevas fuerzas para cumplir tus nuevos deseos. En 2 Corintios 5:17 se nos dice que «si alguno está en Cristo, es una nueva creación. ¡Lo viejo ha pasado, ha llegado ya lo nuevo!». La vida cristiana comienza en el momento que confías en Cristo, pero no termina allí. Continúa día a día mientras aprendes a caminar con Dios, a crecer en fe y amor, a orar a tu Padre celestial, a seguir a Jesús adondequiera que te guíe y a hablarles de su amor a los que conoces. Si la vida cristiana fuera un libro, venir a Cristo es solo el primer capítulo.

He aquí algunos consejos prácticos que te ayudarán a lo largo del camino.

Seguridad personal

⚓ No bases tu salvación en cómo te sientes en un momento dado. Hasta los más excelentes cristianos tienen tiempos de dudas e incertidumbre. Incluso la duda puede ser buena si te conduce de vuelta a una renovada confianza en Dios y en su Palabra.

⚓ No bases tu salvación en una experiencia ni aun en tu propia fe. Recuerda que la fe en sí es un regalo de Dios (Efesios 2:8). Tú no te salvas por la fe que tienes en Cristo, sino que Cristo te salva a través de la fe. Pon tu esperanza en quien es Jesús y en lo que logró para ti en su muerte y resurrección.

⚓ Puesto que la salvación es del Señor, no necesitas basar tu relación con Cristo en una fecha o en la ocasión en que tuviste cierta experiencia. Tú no recuerdas de forma consciente el momento de tu nacimiento, pero sabes que estás vivo. Quizá no recuerdes el momento preciso de tu nacimiento espiritual dentro de la familia de Dios, pero el Espíritu Santo te dará la seguridad mientras continúas creyendo en las promesas de Dios y confías solo en Cristo como tu Salvador. En 1 Juan 5:13 se nos dice con claridad que podemos saber que tenemos vida eterna. «Les he escrito estas cosas a ustedes, que creen en el nombre del Hijo de Dios, para que sepan que tienen vida eterna» (ntv).

Crecimiento espiritual

Al igual que el crecimiento físico ocurre poco a poco a través del tiempo, lo mismo es cierto en el ámbito espiritual. Si has tenido problemas en algún aspecto antes de venir a Cristo, es muy probable que continúes luchando en esa esfera por algún tiempo. Ora por tus problemas. Busca a otros cristianos para que te animen a lo largo del camino. Sé sincero con el Señor en cuanto a los aspectos de tu vida que no se transforman con tanta rapidez como te gustaría. Usa tus luchas como una oportunidad para crecer.

Jesús llama a sus seguidores discípulos, lo cual significa «aprendices». Cada mañana, pídele a Dios que te ayude a seguir a Jesús todo el día. Jesús te llama a que «lleves tu cruz» cada día, lo que significa hacer a un lado tu propia agenda para seguir a Cristo (Lucas 9:23-24).

Tú descubrirás la agenda de Dios para tu vida a través de la constancia en la oración, el estudio de la Biblia, la meditación y la memorización de versículos clave de las Escrituras, y a través del consejo de otros creyentes cristianos. Todas estas cosas son parte de la dirección del Espíritu Santo, quien ahora habita en ti (1 Corintios 6:1920).

La iglesia

☙ Una evidencia de la vida nueva es que Dios te da amor por otros cristianos (Efesios 1:18).con certeza, crecerás con más rapidez si te unes a una iglesia local de creyentes en la Biblia, donde se predique el evangelio y donde a los cristianos los desafíen a servir al Señor. Dios nunca pretendió que sus hijos fueran ermitaños, que habitaban en capullos y estuvieran separados unos de otros. «Todos somos miembros de un mismo cuerpo» (Efesios 4:25). Tú necesitas ser parte de una iglesia local, a fin de practicar la adoración en la comunidad, seguir a Cristo en el bautismo, experimentar con regularidad la Cena del Señor, tener comunión con otros cristianos y tener la oportunidad de aprender a través de la enseñanza y predicación de la Palabra de Dios. También necesitas la disciplina espiritual para seguir a líderes piadosos que te ayuden a descubrir y utilizar tus dones espirituales.

☙ El corazón de Dios abarca a todo el mundo. Ser parte de una iglesia local te conecta con la comunidad cristiana mundial. A través de tu iglesia ayudarás a los misioneros. en otros países y también conocerás las oportunidades de unirse con otros cristianos en otras iglesias para proyectos mayores por el reino de Dios. El mundo se da cuenta cuando los cristianos se aman de verdad los unos a los otros. Jesús dijo: «De este modo todos sabrán que son mis discípulos, si se aman los unos a los otros» (Juan 13:35).

Disciplinas espirituales

☙ Dios le da a sus hijos un amor por su Palabra. Si no tienes una Biblia, compra una y comienza a leerla todos los días. Empieza con uno de los Evangelios (el libro de Marcos, por ejemplo) y lee el desarrollo de la historia de la vida de Cristo. Luego, hazte el hábito de leer al menos un salmo cada día y también un capítulo del libro de Proverbios.

⚓ La mayoría de los nuevos creyentes descubren que reciben mucho al reunirse con un grupo pequeño de creyentes con regularidad. «Aliéntese y edifíquense unos a otros» (1 Tesalonicenses 5:11, ntv). Aquí encontrarás amistades, un lugar para recibir respuestas a tus preguntas y conocerás historias de cómo Dios ayuda a cada uno de día a día. Casi todas las iglesias locales tienen este tipo de ministerio, ya sea a través de sus clases los domingos o a través de grupos que se reúnen en casas durante la semana.

⚓ Hoy en día hay una gran cantidad de recursos disponibles para ayudarte a crecer. Estos incluyen varias traducciones de la Biblia, las Biblias de estudio con notas, libros que te ayudan a entender la Biblia y la vida cristiana, y música cristiana en abundancia. Además, existen programas para computadoras y sitios de internet llenos de información útil. Quizá quieras pedirle a tu pastor o capellán algunas sugerencias. Si no sabes por dónde empezar, visita una librería cristiana cercana y pídele a alguien del personal que te ayude a encontrar algunos de estos recursos. Es posible que tu iglesia cuente con una biblioteca; esta sería una fuente útil de libros y casetes relacionados con el crecimiento cristiano y la teología cristiana.

⚓ Asegúrate de darle a Dios los primeros minutos de cada día. «Por la mañana, Señor, escuchas mi clamor; por la mañana te presento mis ruegos, y quedo a la espera de tu respuesta» (Salmo 5:3). Dedica un tiempo para concentrar tu corazón y tus pensamientos en el Señor. Puedes hacer esto a través de la oración, la lectura de la Biblia, escuchar buena música cristiana y también mediante la lectura de buenos materiales devocionales que te dirijan al Señor y a su Palabra. Los primeros minutos son vitales porque establecen el tono para el resto del día. Te sugiero que mantengas un diario espiritual en el que escribas ideas clave de la Escritura y registres las lecciones espirituales que te enseñe Dios a través de las circunstancias de la vida.

⚓ A medida que creces en Cristo, descubrirás un nuevo deseo de compartir tus recursos materiales con otros. Conviértete en un dador alegre. ¿Y cómo lo logras? Al dar lo que tienes a Dios. Es evidente que esto involucra dar una porción de tu dinero al Señor a través de su iglesia. También encontrarás muchas oportunidades de darles a los menos afortunados que tú. Dios ama al dador alegre, pero tú no puedes experimentar eso jamás hasta que de corazón des con alegría.

Tentación y pecado

⚓ Sin duda, no pasará mucho tiempo para que afrontes la tentación a pecar. Es probable que esto ocurra en el momento que menos lo esperas. Recuerda que la tentación en sí no es pecado; la forma en que respondes es lo que marca la diferencia. Siempre que Dios permite que seas tentado, también te da una guía de escape (1 Corintios 10:13). Ora por sabiduría para ver la vía de escape y luego pídele a Dios el valor para usarla cuando la necesites.

⚓ Mientras creces en tu nueva vida, el Espíritu Santo te concederá el deseo de obedecer a Dios y un odio cada vez mayor por el pecado. Cuando peques, solo tienes dos opciones. Puedes esconder tu pecado y fingir que no ocurrió, pero si haces eso, de seguro que tu vida empeorará, no mejorará. O puedes confesar tu pecado, admitir lo que hiciste y pedirle a

Dios que te perdone. Dios bendice a las personas que confiesan su pecado y piden perdón. «Si confesamos nuestros pecados, Dios, que es fiel y justo, nos los perdonará y nos limpiará de toda maldad» (1 Juan 1:9). El Señor te concederá tanto el deseo como el poder para decirle no al pecado, mientras dependas de Él.

Tu testimonio personal

Es natural que les hables de tu fe a otros. Sé valiente en tu fe (Hechos 4:31). No permitas que la oposición silencie tu voz. Habla lo que sabes que es bueno. Es posible que algún día debas hablar en contra de lo malo. Habla la verdad en amor y luego confía en Dios los resultados. Tu valor te traerá mucho gozo y animará a otros cristianos a ser valientes también.

Ora por oportunidades para darles a otros las buenas nuevas, el evangelio. Pídele a Dios que te haga sensible a quienes conoces cada día. Existen muchas formas de hablarle a otra persona de Cristo. He aquí una sencilla pregunta que abre muchas puertas: «¿Cómo puedo orar por ti?». Es posible que quieras adquirir un ejemplar extra de este libro y tenerlo a la mano para que puedas regalárselo a un amigo. Pídele a tu amigo que lo lea y que te diga lo que piensa al respecto.

El venir a Cristo te cambia la forma de ver el mundo. Los que siguen a Jesús tienen el llamado a ser embajadores en el mundo, obrando con justicia, amar la misericordia, y ayudar a los necesitados. Pídele a Dios cada día que te ayude a marcar una diferencia en el mundo. Las cosas pequeñas hechas en el nombre de Jesús pueden tener un gran impacto en los demás.

Tus actitudes

🔥 Hacer preguntas es una excelente forma de crecer de manera espiritual. Mientras estudias la Biblia y escuchas sermones, estudios bíblicos, escribe tus preguntas. Mira a ver si puedes hallar las respuestas por tu cuenta a través de tu estudio personal. Si no es así, pídele a un amigo o a un líder cristiano de confianza que te ayude a encontrar las respuestas. Nunca te avergüences de admitir que no sabes algo. Ese siempre es el primer paso en el crecimiento personal.

🔥 No te sorprendas cuando vengan tiempos difíciles. Jesús prometió que en este mundo sus seguidores encontrarán muchas dificultades. (Juan 16:33). Dios permite que vengan tiempos difíciles con el fin de que se pueda desarrollar nuestra fe, purificar nuestras motivaciones, reorientar nuestra concentración lejos de las cosas del mundo y permitirnos tener crecimiento espiritual. «Considérense muy dichosos cuando estén pasando por diversas pruebas. Bien saben que, cuando su fe es puesta a prueba, produce paciencia» (Santiago 1:2-3, rvc) . Cuando vengan esos tiempos difíciles, ora por fortaleza de modo que no falle tu fe.

🔥 La gratitud es otra señal de que eres un hijo de Dios. Todo lo que tienes, incluyendo la vida misma, proviene de Dios. Tómate un tiempo cada día para decirle «Gracias» a Dios por todas sus bendiciones. «Den gracias a Dios en toda situación, porque esta es su voluntad para ustedes en Cristo Jesús» (1 Tesalonicenses 5:18). Esto te impedirá endurecerte y amargarte cuando las cosas no salgan a tu manera.

El plan de Dios para ti

⚓ Busca una oportunidad para servir al Señor de alguna forma práctica. Descubrirás que Dios te ha dado talentos que te permitirán servir al cuerpo de Cristo, su Iglesia. Mientras sirves, encontrarás gran satisfacción y un profundo gozo en el Señor. No te limites a lo que piensas que te gustaría hacer. Pídele a Dios que te use de la forma que Él considere mejor.

⚓ Recuerda que venir a Cristo no es como dedicarse a un nuevo pasatiempo. Es el principio de una nueva vida en la que conoces al Dios que te creó. Aunque no te des cuenta ahora, Dios ha iniciado un proyecto de vida para convertirte en lo más semejante a su Hijo, el Señor Jesucristo (Romanos 8:29). Aún no eres un producto terminado, lo cual es una de las razones de por qué la vida cristiana no será siempre fácil.

Convertirse en cristiano significa embarcarse en un viaje que comienza en la tierra y termina en el cielo. Si llegaste hasta aquí en el libro, creo que estás en el camino de tu viaje con el Señor. Sigue avanzando, mantén tus ojos en el premio y no te decepcionarás. «Crezcan en la gracia y en el conocimiento de nuestro Señor y Salvador Jesucristo» (2 Pedro 3:18). En la vida espiritual, la dirección es determinante. Dios está más interesado en la dirección que en la perfección. Ahora que ya le comprometiste tu vida a Cristo, habrá muchas sorpresas, algunas maravillosas respuestas a la oración, y de seguro que varias batallas grandes que pelear,,Es posible que encuentres altibajos en tu vida cristiana. Si eso ocurre, no te desesperes. Solo sigue hacia adelante con Cristo. La obediencia diaria es la clave. El Espíritu Santo te ayudará a obedecer al Señor.

Algunos días quizá sientas que no estás progresando en lo absoluto. No dejes que tus sentimientos gobiernen tu vida. Confía en Dios y sigue caminando en la dirección adecuada.

Con eso llegamos al final de este libro. Si no has confiado todavía en Cristo como Salvador y Señor, te animo a que vuelvas a leer el capítulo 8 («Cómo venir a Cristo»). El regalo de Dios es la vida eterna por medio de Jesucristo nuestro Señor. El regalo es tuyo para que lo aceptes. Estas son las buenas nuevas que pueden transformar tu vida.

Si Dios nos concede el entendimiento de quién es Jesucristo y lo que Él hizo por nosotros, nuestra única respuesta puede ser venir a Él en amor y confianza, pidiéndole que nos salve. Dios permita que te conceda la fe para creer en Jesucristo. Si tienes dudas, ven y ve por ti mismo. El camino al cielo lo abrió el Hijo de Dios. Ven tal como eres, no escondas nada, no des excusas. Ven y, mientras vas a Cristo, Él vendrá a ti.

UNA VERDAD PARA RECORDAR ⚓

Venir a Cristo por fe es un viaje de toda una vida que comienza en la tierra y termina en el cielo.

Un breve repaso

Vamos a repasar lo que hemos aprendido juntos. A continuación, se enumeran a manera de resumen algunas declaraciones. Pon una marca junto a cada declaración si estás de acuerdo con la misma.

- ☐ Dios es infinito, eterno, santo, justo, omnisciente, todopoderoso. Él me creó a su imagen.
- ☐ Dios me ama y quiere tener una relación conmigo.
- ☐ Me crearon para conocer a Dios de manera personal.
- ☐ Soy pecador.
- ☐ Mis pecados me separaron de Dios.
- ☐ Soy de veras culpable e incapaz de salvarme yo mismo.
- ☐ Nunca puedo ser lo bastante bueno para salvarme a mí mismo.
- ☐ Dios envió a su Hijo, Jesucristo, para ser mi Salvador.
- ☐ Jesús murió en la cruz por mis pecados.
- ☐ Jesús resucitó de entre los muertos al tercer día.
- ☐ No soy salvo por lo que hago, sino por lo que Cristo hizo por mí.
- ☐ Cuando confío en Cristo, Él toma mis pecados y yo recibo el regalo de su justicia.
- ☐ La salvación es un regalo que se le ofrece a todo el que confía en Cristo como Salvador.
- ☐ Confío en Jesucristo como mi Señor y Salvador.

Vuelve atrás y lee la oración en las páginas 156-157. Si de veras confías en Cristo, pon tus iniciales y la fecha de hoy al lado de esa oración.

Profundicemos

¿Cuáles son los siguientes pasos que necesitas dar en tu viaje espiritual?

_____

_____

_____

_____

Si acabas de confiar en Cristo como Salvador, ¿quién más necesita saber acerca de tu decisión?

_____

_____

_____

_____

UN PLAN DE SIETE DÍAS PARA EL CRECIMIENTO ESPIRITUAL

Primer día: Lee Juan 3. Haz un círculo cada vez que aparece la palabra «creer» o «cree».

Segundo día: Cuéntale a un amigo acerca de tu decisión de confiar en Cristo como Salvador.

Tercer día: Pasa tiempo hoy orando por dirección espiritual.

Cuarto día: Memoriza Filipenses 4:13. Díselo a un amigo.

Quinto día: Pídele a Dios que te dirija a alguien que necesita una palabra de aliento.

Sexto día: Medita en el Salmo 1. Escríbelo palabra por palabra y luego dilo en voz alta.

Séptimo día: Busca una iglesia donde se enseñe la Biblia. Asiste al servicio de adoración este domingo.

Reconocimientos

TENGO UNA DEUDA de gratitud con varios amigos que leyeron el manuscrito y me hicieron muchos comentarios útiles:

Primera edición (2000): John Armstrong, Brian Bill, Jeff Eaton, Rob Gaskill, Seth Grotelueschen, Chris Jahns, Lisa King, Dale Stoffer.

Segunda edición (2011): Jessica Harris, Don Johnson, Skip Olson, Tim Piona, Adrienne Urbanski.

Acerca del Autor

RAY PRITCHARD se desempeña como presidente de *Keep Believing Ministries,* una comunidad basada en la internet que trabaja con cristianos en doscientos veinte países. Sirvió en el pastorado durante veintiséis años, el más reciente fue en *Calvary Memorial Church* en Oak Park, Illinois. El Dr. Pritchard es el autor de veintisiete libros, incluyendo *El increíble viaje de fe, El poder sanador del perdón y Los nombres del Espíritu Santo.* Ray y Marlene han estado casados durante treinta y seis años. Tienen tres hijos, dos nueras y un nieto. En los últimos años, sus hijos y nueras han pasado tiempo enseñando inglés en China. Tres de los libros del Dr. Pritchard se tradujeron al chino. Ray disfruta con la internet, montar bicicleta y todo lo relacionado con la Guerra Civil.

Si te gustaría comunicarte con el autor, puedes hacerlo de las siguientes maneras:

Por correo:	Ray Pritchard
	Keep Believing Ministries
	P.O. Box 257
	Elmhurst, IL 60126
Por correo electrónico:	Ray@KeepBelieving.com
Vía internet:	http://www.KeepBelieving.com

Notas

www.ingramcontent.com/pod-product-compliance
Lightning Source LLC
Chambersburg PA
CBHW021129020426
42331CB00005B/686